京大首席合格者が教える

「やる気」と「集中力」が出る勉強法

Kumehara Keitaro
粂原圭太郎

二見書房

はじめに

『頭脳王』に二度出場して

東大生や京大生、ましてや頭脳王の本選出場者は雲の上の存在で、自分とは頭のできがまったく違う。

そのようなメッセージを、これまでたくさんいただきました。また、天才たちの活躍を見ることで、自分が勉強でうまくいかないことを才能のせいにし、勉強ができるようになることを諦《あきら》めかけている人も多くいることでしょう。しかし、本当にそうでしょうか。

二〇一四年、一五年と、日本テレビ系列で放送された『最強の頭脳日本一決定戦　頭脳王』に二年連続で出場して、いわゆる「天才」たちと触れ合う機会をいただきました。また、京都大学に通っていると、さまざまな分野のエキスパートたちともたくさん出会い、お話する機会にも恵まれます。

そんな天才たちと接するなかで改めて気づいたのは、生まれつきの才能、頭のよさだけで「天才」と呼ばれている方は、一人もいないということです。皆それぞれ一生懸命努力をし、その結果天才と呼ばれるようになった人ばかりだったのです。

しかし、この「努力」という部分。これが問題です。

勉強には成績の上がる「やり方」がある！

たとえば、英単語のテストがあるとします。あなたは十日後までに、百個の単語の意味を覚えなくてはいけません。あなたはこのとき、どちらの覚え方で単語を覚えますか？

①一日十個ずつ、完ぺきに覚えていく
②毎日百個を、大雑把に繰り返す

効率的に、よい点数をとれるのは②のやり方です。①のやり方では、一日十個ずつ完ぺきに覚えていっても、「復習」が足りないため数日後には忘れてしまう確率が高いでしょう。

しかし、毎日大雑把にでも百単語を繰り返していけばどうでしょうか。一つの単語につき、少なくとも十回は目を通しているはずです。記憶とは反復、「復習」の回数で強化されるため、②のほうが効率がいいんですね。

最近では②の覚え方がメジャーになってきているので、②を選択した人が多かったかもしれません。なかには「英語は音読！　と聞いたから」という理由で、音読を活用している人もいるでしょう。

あなたのまわりに、辛そうに勉強してはいないのに、さらりとよい点をとっている人はいませんか？　そんな人を見ると、

「ああ、どうせあいつは頭がいいんだ……」

そんなふうに思って、落ち込んだりしてはいないでしょうか？　でも、そうではありません。試験で点をとるために必要なのは、頭のよさではなく「勉強のやり方」です。

成績を上げるために必要なのは頭のよさではない！

たしかに、要領のよい人はいます。部活動でもレギュラーで活躍していて、「いつ勉強しているの？」っていうくらい忙しそうなのに、テストではよい点をとっている。普段からすごく遊んでいるのに、テスト前だけちょろっと勉強して、トップクラスの成績を維持している。

彼らがよい成績をとっている理由は、頭がよいからではありません。「勉強のやり方」を知っているのです。テストでよい点をとる、志望大学に合格する、資格試験に合格する……そのような目標を達成するためには、闇雲に勉強してもうまくいきません。

それはちょうど、地図もなくふらふら目的地を目指しているのと同じです。目標を達成するためには、まず「勉強のやり方」を学びましょう！

「勉強は、見返りの大きいゲームである」

僕は、そんなふうに考えています。

勉強をゲームなんていうと、「馬鹿な！　勉強はつまらなくて辛いものだ！」という声が聞こえてきそうですね。しかし、少し立ち止まって考えてみてください。勉強がつまらなくて、辛いものになってしまったのはなぜでしょう。それは、次のような理由があるからではないでしょうか？

> **勉強が、何の役に立つかわからない**
> **→勉強を頑張っても、なかなか成績が上がらない**
> **勉強しても、なかなか理解できない、覚えられない**
> **→そもそも、何をどうやって勉強したらいいかわからない**

「勉強＝つまらないもの」

この図式を壊したくて、僕は勉強を教える仕事をしています。僕は「条原学園」という、オンラインの個別指導塾を運営しているのですが、そこでは学校や普通の塾でおこなわれているような授業をほとんどしません。僕やまわりの京大生、いわゆる「頭のよい人」がどんなふうに勉強をしているのか。それを中心に教えています。

一人一人に合った勉強のやり方や、やる気が起きないときに活を入れたりすること、何を使ってどんなふうに勉強すればいいのかを、目標に合わせて一緒に考え、アドバイスしているのです。

生徒のなかには、一日一時間の勉強すらできなかった子が、毎日当たり前のように五時間勉強し、ぐんぐん成績を上げていく。こんなことは日常茶飯事です。

この本は、あなたに勉強を少しでも楽しいと思ってもらい、成績をグーンと上げてもらうために書いた本です。

僕が勉強を教える仕事をしているなかで学んだことや、実際に多くの生徒が成績をアップさせた方法を詰め込みました。

「勉強ができる人が使っているコツ」や、「効率よく勉強できる方法」をたくさん散りばめ、すぐにでも使ってもらえるような内容に仕上げたつもりです。また、すでに勉強が得意な人にも、苦手な人にも役に立つようになっています。

この本の内容が、少しでもあなたの人生をハッピーなものにできれば、それにまさる喜びはありません。

京大首席合格者が教える
「やる気」と「集中力」が出る勉強法

第2章 勉強のエッセンス

第3章

誰でも出せる！ やる気と集中力

第4章

頭がよい人の「勉強のコツ」

第5章 頭がよくなる習慣術、メンタル術

第6章 勉強のメンタルで大事なこと

第1章

勉強に才能は関係ない！

自分の電話番号がいえる人は東大に合格できる!?

よく、勉強ができない！　という人の言い訳に「俺は頭がよくないから……」とか「私は記憶力が弱くて……」というものがあります。そんな言い訳をする人に、僕が決まって聞くこと。それは、

「家の電話番号、覚えてる？」

という質問です。僕がなぜこのような質問をするか。

それは、「電話番号が覚えられれば、何だって覚えられる！」と考えているからです。誰しも当たり前のように電話番号を覚えていますが、これは実はすごいことなんです。

電話番号は十桁の数字で、そこに規則性はありません。意味のない数字の羅列《られつ》なわけです。しかもこの十桁の数字を、何の語呂合わせもなしに覚えていますよね。

僕たちが数字の並びを記憶するとき、よく使うのが語呂合わせです。「いい国つくろう鎌倉幕府」。これは、一一九二という四桁の数字を覚えるために使う語呂合わせですね。

なぜたった四桁の数字を覚えるのに、わざわざこんな語呂を使うか。それは、たった四桁であっても、意味のない数字の羅列は覚えるのが難しいからなんです。

そのはずなのに、なぜか電話番号は皆、すらすらということができます。しかも、語呂合わせなんか使わずにです。十桁の意味のない数字を、語呂合わせなどもなしに記憶している。

これは、すごい能力なんです。

僕の「電話番号いえる？」という質問に対して、「いや、頭が悪いから覚えられないんです」「記憶力が弱いので、まだ覚えていません」

そう答える人は一人としていません。つまり、誰しもこのすごい記憶を成しとげているわけです。これを読んでいる方で、電話番号を覚えられなかった方はいますか？　きっと一人もいないはずです。

電話番号を覚える記憶力の持ち主であれば、東京大学に合格できると僕は思っています。

こと大学受験にかぎっていえば、才能は関係ないんです。もちろん、東京大学や京都大学など「難関大学」とよばれるところに合格するのは、簡単なことではありません。

たしかに、教科によって得意不得意はあります。数学がなかなかうまくいかない、歴史の暗記が苦手、そういう人はたくさんいるでしょう。

ですがそれらは、勉強のやり方を工夫することでカバーできるんです。この本では、そんな「勉強のやり方」や、「苦手教科の克服方法」をお伝えしていきます。

なぜ勉強をしなければいけないのか？

そもそも、なぜ勉強をしなければならないのでしょうか。

「あなたはなぜ、勉強するの？」

そう質問されたら、どのように答えますか？　実際、僕のメールマガジンやツイッターでこの疑問を投げかけたとき、返ってくる答えで多いのは次のようなものです。

「絶対に行きたい大学があるから！」

「親に勉強しろといわれるから……」

「まわりが勉強しているから」


どうでしょう。あなたが勉強する理由はこのなかにあったでしょうか。

それではもう一歩踏み込んで考えてみましょう。なぜ「勉強」なのでしょうか。たしかに、勉強して試験を解けるようにすることで、大学に合格することができます。

では、なぜ勉強することが求められているのか。点数をとることが求められているのか。

正直な話、「二次関数って、何に使うの⁉　生きていくのに必要ないじゃん！」「別に英語できなくても、俺日本人だし！」、英語と数学以外にも、「勉強って将来、役に立つの？」という趣旨のことは、誰しも一度は考えたことがあるでしょう。

それに加えて、勉強は楽しくてしょうがない！　というものでもありません。勉強が漫画やゲームのように面白ければ、役に立つかどうかわからなくても、続けることができるでしょう。

ですが、勉強はそこまで楽しくありません。むしろ、勉強が嫌いという人のほうが、圧倒的に多いでしょう。勉強を教える仕事をしている僕でさえ、ときには勉強をいやに思うことがあります。勉強よりも友人と遊ぶことのほうが好きですし、漫画だって大好きです。最近は友人と野球をするのにはまっています。

「なんで勉強しなきゃいけないんだー‼」

そう思ったときに、知っておいてほしい考え方があります。

✓勉強は、しなきゃいけないものじゃない

僕が中学生のときに見ていたドラマで、『女王の教室』というドラマがありました。そのなかで、とても怖いけれども、生徒のことを第一に考える素晴らしい先生が出てくるのですが、今でもその先生の言葉が記憶に残っています。

「勉強は、しなきゃいけないものじゃありません。したいと思うものです」

これを聞いたとき、なんだかすごく気持ちが楽になりました。僕はそれまで、

勉強＝絶対しなきゃいけないもの

と勝手に思っていました。でも、そうじゃないと。

勉強は、必ずしもしなくてよい。そう開き直ったとき、自然と「勉強してみるか」と思えたのです。

この本を手にとってくれたあなたは、いろいろ思いつつも「勉強したい、できるようになりたい」と思っているはず。たとえ僕や両親、先生に「勉強なんてしなくていいよ」といわれても、きっと勉強しようと思うでしょう。その気持ちを大事にしてください。

受験勉強すると、こんなにお得！

中学生時代の僕は、勉強をしなければならないものをとらえ、「勉強なんてしても意味があるのだろうか」と考えることもある、普通の生徒でした。しかし今になってみて、

勉強したことを心からよかったと思っています。ここでは、僕が思う「勉強のお得さ」についていくつかお話しします。

①勉強を頑張ることで、自信がつく

人生、何度かは「頑張りどき」が来ます。その一つが受験だと思うのですが、そこを頑張って乗り切ると「自分は頑張ることができた」という自信がつくんです。

次の頑張りどきでも、「受験のときあれだけ頑張ったんだから」と、同様に頑張ることができるでしょう。もちろん、頑張ったことで第一志望に合格できれば、ものすごく自信がつきます。しかし、たとえ第一志望に受からなかったとしても、「頑張った」という気持ちは残るんです。

僕がこれまで指導してきた生徒の多くは第一志望に合格してきましたが、なかには不合格になってしまった生徒もいます。僕が二年前に指導していた「K君」もその一人でした。

彼は僕も驚くほど勉強を頑張り、入試までにかなり成績を上げたのですが、第一志望にはあと一歩とどかなかったのです。不合格がわかったとき、かなりショックな雰囲気で僕にメールを送ってきて、僕も同様に落ち込みました。

しかしそれから一年後、第二志望の私立に進学したK君からメールが来ました。テニスサークルに入り毎日を楽しく過ごしていること。大学の授業は好きな講義をたくさんとることができ、充実しているということ。はじめての一人暮らしで自由を満喫していることなどなど、明るいメールでした（メールには、「毎日カップ麺と牛丼のローテーション」という、少し不安な文面もありましたが……）。

そんなK君、大学での成績がすこぶるよいそうなんです。第二志望とはいっても、当初の自分では入れないような大学。まわりは自分より頭がよい人ばかりで、授業についていくのが大変なんじゃないかと心配していたらしいのですが、テストの結果を見ると意外や意外。

K君とその後少しメールのやりとりをしたのですが、彼はこんなことをいっていました。

「今まで頑張ってこなかった自分が、受験時代は勉強をしっかり頑張れた。不合格だったのは死ぬほど悔しかったけれど、自分でも頑張れるんだって思ったことは確か。どうせなら大学の試験も頑張ってみようと思った」

つまり、「自分は頑張ったという実感」が、彼を大きく成長させたのです。

②情報収集→計画立案→実践&修正の流れを学ぶことができる

勉強、とくに資格試験や高校・大学受験の勉強で、まずするべきことは、「情報収集」です。自分が受ける試験がどのような試験なのか。それを詳しく知らなくてはなりません。情報収集なしに試験に望むということは、スマホの地図アプリなしで知らない土地に行くようなものです。

「情報収集」をしたあとは、受験への計画を立てる必要があります。集めた情報をもとに、受験まで何をどのように勉強していくか、計画を立案します。

「計画立案」のあとは、実践です。立案した計画をもとに、勉強をしていきます。実践の最中にも、自分が効率的に勉強して、目標に近づけているのかは随時確認する必要があります。実践していくなかで、必要があれば再度情報収集をおこない、計画を修正していくわけです。

この「情報収集→計画立案→実践&修正」という流れを自分で体験し体得することは、その後の人生でも大いに役立つはずです。

高校受験であれば、その後の大学受験にも大いに役立つでしょうし、その後の大学での試験や就職活動、就職後の資格試験勉強などなど、さまざまな面で役に立ちます。また、試験以外の実生活においても、大いに役立つことは間違いありません。

というよりも、人生をよりよいものにしていくための必須スキルといってもよいでしょう。これらのスキルを学ぶのに、受験勉強ほど適したものはないと僕は思っています。

③大学に行くことで、選択肢が広がる

よく、「大学で学びたいことがない」「将来の夢、目標がない」という人がいます。大学で学ぶことがなく、夢もないから勉強のやる気が出ない、というのです。しかし僕は、そういう人こそ、大学を目指して勉強するべきだと思うのです。

多くの大学では、入学後すぐ入った学部の専門的な勉強のみをしていくわけではありません。たいていは「一般教養科目」ということで、自分が興味のある分野の講義を受講することができます。

僕の専門は経済なのですが、物理学や化学、文学などさまざまな講義を受講しました。

たとえば、僕のように経済学部に入学した人が、必ず銀行や証券会社に就職するわけ

ではありません。僕自身、現在では法科大学院生であり、法律を学びながら勉強を教える仕事をしています。正直、経済にはほとんど関係ありません（笑）。

僕の友人でも、経済学部を卒業して新聞記者になった人もいますし、プロカメラマンの弟子をしている人だっています。理系の学部に入っても、最後には文系就職をする人もたくさんいるんです。

たしかに大学では、専門性の高い勉強をします。それは社会に出て働くためでもあり、自分の入った学部に関係した仕事に就く人も多いでしょう。しかし、そうでない人もたくさんいます。

大学というのは本当に多種多様な人がいて、そこではさまざまな出会いがあり、自分を変えるきっかけになるものも多いでしょう。加えて、学ぶことができる学問も、入った学部に関係したものだけではありません。

そう考えると大学という場所は、可能性を広げるにはうってつけの場所。自分の将来が見えていない人ほど、大学を目指して勉強するのがおすすめです。

④天才たちの努力の結晶を、一瞬で知ることができる

受験で勉強することのなかには、かつての天才たちが努力に努力を重ね、ときには一生かけてたどり着いた法則がたくさんあります。

物理や化学、生物や地学、それから数学などの理系科目には、そのような法則がたくさん含まれています。文系科目も同様です。古文や漢文、歴史などはたくさんの学者たちが文献にあたり、知識を積み重ねた結果を私たちが学ぶことができるのです。

勉強する理由は「モテたい、お金持ちになりたい」でもいい！

先ほどまで、「勉強するとお得だよ！」ということを書いてきました。しかし、これらのなかにピンと来るものがなかった人もいるかと思います。

「受験が役に立つってことはなんとなくわかったけど、だからって頑張れるわけじゃない」

そんなあなたは、自分が勉強する理由をはっきりさせてみましょう。ここまで書いてきたようなある種「お利口さん」な理由でなくてもかまいません。いやむしろ、もっと不純なものでもよいでしょう。

僕の友人で、

「女の子にモテたい！　かわいい彼女が欲しい！」

という理由だけで慶応大学に合格してしまった友人がいます。

彼は高校二年のとき、簡単な因数分解すらできないほどの学力の持ち主でした。そんな彼が強烈なモチベーション「モテたい！」を手に入れた途端、今までとは別人のように勉強して僕やまわりの友だちを驚かせたものです。

実際、彼は慶応大学のほかにも受けた難関私立すべてに合格してしまいました。

正直な話、慶応大学に入った彼がモテモテの慶応ボーイに成長したどうかはわかりません（ちなみに、昨年久しぶりに会ったときには、彼女が欲しいと嘆いていました（笑））。ですが、彼は勉強したことをまったく後悔していないでしょう。

僕は先ほど、受験はとてもお得だということをお話ししました。

受験勉強を頑張ることでつく自信、情報を集めて計画を立て、それを修正しながら実践していくプロセス、大学へ進学することで広がる選択肢。天才たちの努力の結晶を一瞬で学べるということ。

それらはその後の人生でも大いに役立ちます。

しかし、そのような「ちょっと真面目な」理由だけでは、人間は頑張れないものです。モテたい、お金持ちになりたい、サークルに入って目一杯遊びたい。そういう一見不純な動機が、壁を乗り越えるときに大きな支えとなってくれるでしょう。

後悔すること第一位！「もっと勉強すればよかった」

「子供のうちに勉強しておかないと、大人になってから死ぬほど後悔する」

「もしも高校時代に戻れたら、毎日勉強だけをして過ごしたい」

これは、僕が小さかった頃からの母の口癖でした。母は僕に、無理やり勉強に縛りつけるようなことはしませんでしたが、この二つはことあるごとに聞かされ耳にタコができていたのを覚えています。

そんな母の気持ちが実ったのかどうかはわかりませんが、僕は結果として勉強を頑張ることができ、京都大学に入学することができました。そして、京都大学で毎日を過ごすうちに、母がなぜ口ぐせのように「勉強しておけばよかった」といっていたのかを、理解したのです。

大学に入学してはじめての授業で、僕は後ろの席に座っていた26歳の方と友だちになりました。

その後の大学の講義でも、「30代」「40代」「50代」「60代以上」の方たちと一緒に授業を受ける機会が、予想以上に多いのです。

たしかに、大人になってから大学へ入り直す人がいるということは認識していましたが、こんなにもたくさんいるとは思ってもいませんでした。

話してみると、そういった方は社会に一度出てから大学へ入り直した方、お子さんが成人してから受験勉強をした方、聴講生として京大の講義を受けられている方など、たくさんの方がいらっしゃいました。

そんな彼らになぜまた大学へ入ろうと思ったのかを聞くと、細かな事情は違いますが共通点がありました。それは、

「勉強がしたいから」

ということ。そうなんです。大人になると、勉強がしたくなるのです。僕が運営しているメールマガジンにも、勉強を頑張っている大人の方がたくさんいます。しかし、彼らは学生時代ほど、勉強に打ち込める環境にあるわけではありません。

実際に、僕が現在個別指導をおこなっている方にも一人、43歳の方がいらっしゃいます。Hさんです。彼は現在、医学部を目指して必死に勉強をしています。Hさんとはじめて通話をしたとき、

「高校時代には本当にまったく勉強しなかった。それがこの人生、40過ぎてずっと後悔している。だから、今度こそ勉強を頑張りたい」

そう強く語ってくれました。Hさんはお仕事をされているため、当然学生のようには勉強のみに集中することはできません。好きなだけ勉強ができる中学生・高校生が羨ましくて仕方がないといいます。

「勉強は、しなきゃいけないものじゃない。したいと思うもの」

その答えも、ここにあります。

たしかに、何歳になっても勉強はできます。

そのことは僕が一緒に授業を受けた方たちや、生徒として、20歳以上年下の僕の指導を受けてくれているHさんが証明してくれています。

しかし、そんな彼らが大きな決意を持って勉強をすることにしたこと、必ずしも思うように勉強に打ち込めないことを考えると、学生時代ほど勉強に集中できる時代はありません。

第1章まとめ

1 勉強は思っているより、難しくいやなものではない！

✧ 強制的にやらされているからいやになる。
✧ 難しいと思う先入観が、勉強を難しくさせている。
✧ すべては気持ち次第、やり方次第！

2 勉強にはお得がいっぱい！

✧ たくさんの選択肢に出合える。
✧ 社会に出てからも役立つ、「情報収集→計画立案→実践＆修正」の流れが身につく。
✧ 「受験勉強」というハードルを乗り越えることで自信がつく。

3 学ぶ理由はなんでもいい！

✧ 「お利口さん」な理由でも「不純」な理由でも、それがモチベーションに変わる。
✧ 「後悔、先に立たず」今、できることをやる。できる環境をかみしめる。

英文法問題集の使い方

勉強を教える仕事をしていると、よく英文法問題集の使い方を聞かれることがあります。

多くの学校では、文法問題をまとめた問題集が配られ、それが定期テストにも出たりしますよね。文法問題集は、どのように使えば効率がよいでしょうか。ここでは、僕が実際におこなっていた、文法問題集の使い方をご紹介します。

①問題文を読み、選択肢を選ぶ
②なぜその選択肢を選んだのか、理由を頭に思い浮かべる
③次の問題に進まず、今やった問題の答えと解説をすぐに確認する
④選んだ選択肢と、思い浮かべた理由が正しければOK。間違っていたり、理由が思い浮かばなかったものはチェックをつけておく
⑤次の問題に進む

このような手順で進めていきます。そして、チェックをつけたものは後日もう一度同じ手順で解きなおします。もちろん、二度目も同様に、間違えたり理由がわからなければチェックをつけてやり直しましょう。すべて正解し、理由が瞬時に浮かぶようになるまで繰り返します。

最大のポイントは、「問題に正解できる状態」から一歩踏み込み、「その問題の解説ができる状態」を目指すということです。基本的に英文法の問題集は、四つほどの選択肢で構成されていると思います。マスターしようと何度も同じ問題をやっていると、「この問題はたしか、選択肢（ア）が正解だったな……」と覚えてきてしまうんですね。試験本番でまったく同じ問題が、まったく同じ選択肢の順番で出るのであればそれでもいいですが、そんなことはありえません。試験本番で「同じような問題」に正解するためには、理由も含めて完ぺきに答えられるようにしておかなければならないのです。

たとえば、次のような問題があったとします。

問 空所に入るのは次のうちどれか。

Tom was so tired that he （　　　） down and slept.

（ア）lied　（イ) lain　（ウ) lay　（エ）laid

正解は、（ウ）lay なのですが、これだけを覚えておいても試験では点数につながりません。問題を解いていくときに、（ウ）とだけ答え、あっていたらオッケーにしてしまうのではなく、（ウ）が正解の理由をしっかり解説できるようにします。

空所直後が down で目的語がないので、ここには「横たわる」という意味の自動詞が入る。また、時制が過去なので入るのは過去形。横たわるという意味の自動詞は「lie」であり、その過去形は「lay」。よって、正解は（ウ）。

ここまでは最低でも説明できるようにしましょう！ 理想をいえば、「lain」は横たわるという意味の自動詞「lie」の過去分詞形、laid は他動詞で横たえるという意味の「lay」の過去形・過去分詞形、lied はこれらと似たカタチの動詞「lie」の過去形・過去分詞形。

と、他の選択肢まで解説できればなおいいですね！

現代文がわかりません!

「現代文がわからない」とよくいわれます。

僕が思うに、そのなかには「漢字がわからない」「この語句の意味がわからない」という人が少なからず含まれていると思います。

漢字や熟語がわからないという人は、ただでさえ読み解くのが厄介な現代文を古文の言葉で読んでいるようなものだと勝手に思っています。それは難しくて当然、わからなくて当然です。


最近の流行りで「二元論」や「原理主義」といった言葉をとり上げて説明してくれる、一つの「現代文キーワード辞書」みたいなものがあります。たしかにこれはよく出される言葉がとり上げられていて、非常に使い勝手がよいのですが、本来現代文はこういった言葉の意味を、前後の文章から推測する教科といえます。

また、言葉の意味をその本からまるまる写し書きして覚えるのは疲れますし、かといってその本で言葉の意味に目を通しても、すぐ頭から抜けてしまうでしょう。

僕がおすすめするのは、やはり問題のなかで実際に使われた場合に、その言葉の意味をしっかり調べる地道な勉強法です。はじめに取り組む現代文の参考書はどんなに簡単なものでもかまいません。

とにかくその参考書のなかで前後の文章から推測できないもの、あまり自信がないものがあったらすぐに辞書を引くなりして調べてみてください。「調べる」という動作をすることで、ただ本を読んで言葉を丸暗記するよりもずっと頭に残りやすくなり、また実際に文章中で使われる場合はこういうふうに登場する、といったことを身をもって実感することになると思います。

簡単な参考書でも、必ず一つの文章に一つは説明しづらい言葉が隠れているはずです。見つけ出して、一つ一つ丁寧に理解することをまずは心がけてください。現代文に近道なしです。

次にそうしたレベルではなく、純粋な現代文の力、つまり「論理力」といったものが足りない人についてです。「言葉の意味は何となくわかる、漢字も読める。でもいっていることがあまりわからない。記述のポイントがどこなのかわからない」

という悩みを僕自身すごく受けとります。

そうやっていう人にかぎって、古文を読むときには気をつけるであろう主語の変化や、接続詞・接続助詞といったものに、現代文を解くときはまったく気をつけない、ということがあります。

古文よりもボキャブラリーが多く、より難しい内容である現代文でこうしたことに気をつけない理由は何でしょうか。それは「なまじ（なまじ、説明できますか？）知っている言葉だからこそ、手を抜いて読んでしまう」という点に尽きると思います。

先ほどの人たちには「現代文を古文の言葉で読んでいるようなものだ」といいましたが、あなたたちには「現代文を古文だと思って読むべきだ」といわせてもらいます。

古文の論理性と現代文の論理性では、100人いたら100人が現代文のほうが難しいというでしょう。ですが、書いてある言葉がわかるからといって、古文を読むときのように一つ一つ文章を分解して理解しようとする人はそのなかに何人いるでしょうか。

現代文をナメてはいけません。英語や古文の文章を読み解いていくときのように、最初はゆっくり読んでいくことが大事になります。とくにitやthisに当たる「それ」や「これ」のようないわゆる「こそあど言葉」にはとくに注意して読んでいきましょう。

僕がそうした人たちにおすすめするのは、現代文を読みながら一人心のなかでする「自己実況」です。「それは」と文中にあったら「それって何さ！」とツッコんで「それ」が何を指すのかを探しに前の文章へ戻る。「～なのはなぜか」ときたら「どうして⁉」とツッコんで「なぜなら」にあたる部分を探しに次の文章へ移る。例として、二〇一五年のセンター試験第一問を使ってやってみましょう。

1 ネット上で教えをタ(ア)れる人たちは、特にある程度有名な方々は、他者に対して啓蒙《けいもう》的な態度を取るということに、一種の義務感を持ってやってらっしゃる場合もあるのだろうと思います。僕も啓蒙は必要だと思うのですが、どうも良くないと思うのは、ともするとネット上では、啓蒙のベクトルが、どんどん落ちていくことです。これはしばしば見られる現象です。たとえば掲示板やブログに「〇〇について教えてください」などと書き込みをしている「教えて君」みたいな人がよくいますが、そこには必ず「教えてあげる君」が現れる。自分で調べてもすぐにわかりそうなのに、どういうわけか他人に質問し、

> そして誰かが答える。そして両者が一緒になって、川が下流に流れ落ちるように、よりものを知らない人へ知らない人へと向かってしまうという現象があり、これはナンセンスではないかと思います。ツイ(注1)ッターでも、ちょっとしたつぶやきに対して「これこれはご存知《ぞんじ》ですか？」というリプライを飛ばしてくる人がいますが、つぶやいた人は「教えてあげる君」に教えられるまでもなく、それを知っていて、その上でつぶやいたのかもしれない。だから僕は[A]「教えて君」よりも「教えてあげる君」の方が、場合によっては問題だと思います。自分より知識や情報を持っていない方に向かうよりも、自分が知らないことを新たに知ることができる方向に向かっていった方がいいに決まっている。啓蒙するよりも啓蒙される側に回った方が、自分にとっては利があると思うのです。

一行目から読んでいきます。「啓蒙的」ってなんだ？　と、しっかり考えながら読んでいきます。意味がわかればそのまま読み進めればよいですが、わからなければすぐに調べましょう。もちろん試験本番でそれはできませんが、これは練習なので調べてOKです！

そして三行目。「啓蒙のベクトルが、どんどん落ちていく」、なんだか抽象的な表現ですね。これも「なんだ？」と、疑問を心のなかでつぶやきます。実は、この表現をしっかり読みとることが、実際の問題でも問われているので、練習のときにこうやって立ち止まる癖がついていれば、問題も解きやすくなるのです。

そして四行目の「これはしばしば見られる現象です」の、「これ」とは何か？　ここでもしっかりツッコミを入れます。

　小学生や中学生の頃のテストでは、「それ」とはなんのことですか？　という指示内容を聞く問題が大半です。なぜそのような問題が多く出されるのかといえば、文章を読解するうえで非常に大切だからなんですね。

　もちろん、この文章の「これ」が指しているのは、直前の「啓蒙のベクトルがどんどん落ちていく」ことですね。

　文章にツッコミを入れながら読むなんて、少しアブない人に思えるかもしれませんが、これが実際効果的。「自己実況」をすることによって、本当は大事なのに読み飛ばそうとしている自分や、間違った部分を解答のポイントとして書こうとする自分を引き止めてくれる、「客観的に文章を読む」もう一人の自分が一緒に問題を解きはじます。

　現代文を侮らず、しかし恐れることなく着実に読み進めていく方法としては最適です。

第2章

勉強のエッセンス

長期と短期の記憶のしくみ

この章では、勉強で大きな成果を上げるために欠かせないもの、「勉強のエッセンス」を学びます。

記憶は、大きく分けて二種類あります。一つが短期記憶、もう一つが長期記憶とよばれるものです。

たとえばあなたが本を立ち読みするとき。目次をちらっと見て、105ページを読もうとするとしましょう。そのときに「105」という数字を覚えておく場所、それが短期記憶です。短期記憶はその名のとおり、短い期間で忘れてしまう記憶です。

結局その本を購入し、家に帰ってきて立ち読みした場所を読んでみようとしても、「105」という数字は忘れてしまっていることが多いでしょう。ほかには、「3分たったらカップ焼きそばのお湯を捨てよう」と思っていても、気づいたら10分以上が経過し、麺《めん》が伸びてしまっていた、なんていうことも、短期記憶のなせるわざです。

それからもう一つの記憶、長期記憶。こちらは比較的長い間覚えておける記憶のことをいいます。自分の名前や家族の顔、自転車の乗り方など「体で覚えているもの」もこの長期記憶に入ります。

何かを覚えるとき、まず短期記憶として脳に取り込まれます。そのなかで、脳が「必要だ」と判断したものだけが、長期記憶として頭に残るわけです。「これはいらん！」と脳が判断してしまえば、長期記憶にならずに頭のなかから消えてしまいます。

では、どのような記憶を、脳は必要だと判断するのでしょうか。それは、「命にかかわる」ような、生きていくのに必要な知識。それを脳はまっさきに長期記憶に送り込みます。

あなたが英語の勉強をしていて、英単語を覚えたいとしましょう。あなたは英単語を、入試の日まで覚えておきたいので、長期記憶にしようとします。しかし、英単語の知識をどんなにあなたが必要としても、脳はなかなか必要だと判断してくれません。

「英単語覚えなくても死なないでしょ？」

そういわんばかりです。これは英単語にかぎりません。大学受験で必要な知識は、なかなか長期記憶に移ってくれない知識なのです。それでは、どうしたら長期記憶として定着させることができるのか。

覚えるためには、繰り返すよりほかはない

東京大学教授の池谷裕二氏は、英単語のような受験の知識を長期記憶にするためには、『脳をだます』しかないと述べています。

つまり、脳に「この知識は、生きていくのに必要不可欠だよ」と思い込ませることが必要だということ。そしてそのためには、「繰り返し繰り返しインプットすること」しか方法はないということなのです。

本来人間の脳は、「記憶すること」よりも「忘れる」ことのほうが圧倒的に得意です。教科書で読んだものや授業で聴いたことを、一回ですべて覚えられたら、「忘れる」ということがなかったらどんなに楽か！　誰しも一度は考えることだと思います。しかし、この「忘れる」という脳の機能は、人間にとってなくてはならないものなのです。

なぜなら、人間の脳には記憶できる量に限界があるから。

もしも脳が目で見たもの、耳で聴いたものをすべて覚えてしまうとしたら、脳の容量はあっという間にいっぱいになってしまいます。それはちょうど、スマートフォンに動画や音楽を大量に入れていくようなものです。動画や音楽に容量が圧迫されて、必要なアドレスや電話番号を保存できなくなっては大変ですよね？　それと同じなのです。

また、「忘れる」という機能は、私たちが覚えることを難しくしているかわりに、私たちを救ってくれてもいます。もし、過去に起きた悲しい出来事や辛い体験の、その瞬間の「悲しさ」や「辛さ」をずっと忘れられなければ、生きていくことがどんなに大変になるかわかりません。

ここまでお話してきたように、人間は忘れる生き物です。ある程度忘れてしまうのは仕方がありません。しかし、覚え方を工夫することで、繰り返す回数を少なくして、長期記憶にしやすくすることができます。さあ、ここからが本書の本番です！

「繰り返し方」と、一回一回の覚え方を工夫する

「個々の脳の記憶性能には、それほどの差がない」「人間は忘れる生き物である」という前提に立ったとき、出てくる疑問があります。それは、

「なぜ、覚えることが得意な人と苦手な人がいるのか」

という疑問と、

「どうしたら、覚えることが得意になれるのか」

という疑問です。最初の疑問には、もうすでにお話ししました。覚えることが得意な人は、効率のよい「覚え方」を知っているということです。無意識か意識的かはどうあれ、頭がよい人はすなわち「覚え方を知っている人」なのです。得意な人と苦手な人の差はたったそれだけ。

では、どうしたら覚えることが得意になれるのか。簡単です。あなたも「覚え方」を学べばいいのです！　そうしたらまずは、「どのように繰り返せばいいのか」について、この章で学んでいきましょう。

誰でも覚えられる「復習四度塗り作戦」

僕はメルマガの読者さんや、受け持っている生徒に「復習四度塗り作戦」をおすすめしています。それは、何かを覚えたいときに、まず最低四回の復習をおこなう方法です。それでは、この「復習四度塗り作戦」について、詳しく見ていきましょう。

記憶について語るときに、忘れてはならないものがあります。

「エビングハウスの忘却曲線」です。

これは、無意味な単語を覚えさせる実験によって発見されたもので、覚えたものを忘れていくスピードを表したグラフです。多少の個人差はあれど、生まれつきの記憶力にはほとんど差がない、ということは第一章ですでにお話ししました。この「忘却曲線」も同様です。

無意味な単語を覚えた場合、誰しも一定の割合で忘れていくのです。

そこで忘却曲線を見てみると、おもしろいことがわかります。それは、「覚えた直後に、一番忘れる」ということです。勉強を頑張ろう！　と思うと、ついつい先を急いで進んでしまいがち。ですが、ちょっと待ってください。

「覚えた直後」がもっとも忘れやすいタイミングなのですから、ここで一度、すぐ復習をすればいいのです。そうすることで、記憶の効率はぐっとよくなります。30分か60分ごとに、その時間に勉強したことを復習する癖をつけましょう。時間は5分から10分程度がおすすめです。

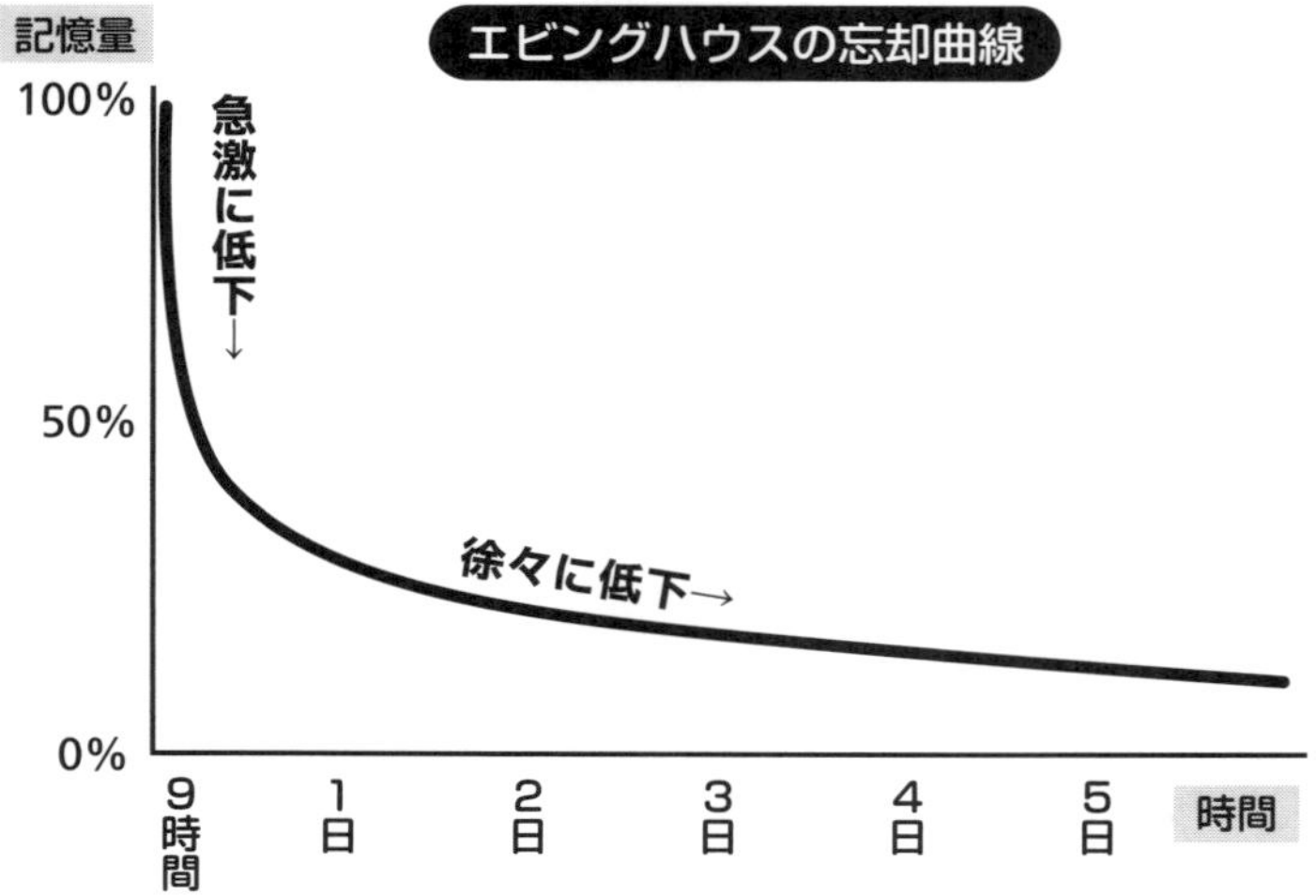

記憶は寝ている間に整理される

さて、記憶には繰り返しが必要不可欠で、一番忘れやすい覚えた直後に一度目の復習をしようということでした。それでは、次に復習するのはいつがよいでしょうか。二回目の復習にぴったりなのは、「夜寝る前」です。

覚えたことが短期記憶が長期記憶として蓄えられるのは、睡眠中です。ということは、

寝る直前、夜寝る前に記憶したことは、長期記憶になりやすい

ということになります。ここが、二度目の復習のタイミングです。その日一日勉強したことを、もう一度振り返る時間を作るとよいでしょう。

一日どれくらいの勉強をしたのかによっても変わってきますが、大体30分から60分くらいでおこないましょう。これが、二回目の復習になります。

それでは、三回目の復習タイミングはいつでしょうか。

朝に三回目の復習を

ズバリ、三回目の復習は、次の日の朝おこなうのが絶対におすすめです。この三回目の復習タイミングは、いわば確認の時間です。寝ている間に「長期記憶」に仕分けされなかったものを確認するのです。この確認で、忘れていることを発見し再度覚え直すことができます。

とはいっても、朝に勉強するのはなかなか難しい場合もあります。休日ならばよいのですが、平日に学校や仕事がある人は、なかなか時間がとりづらいでしょう。

しかし、この朝の時間を復習に当てることで、勉強の効率は大幅に上がります。通学時間や、学校に着いてから授業までの時間でもいいので、

ぜひ翌朝に三回目の復習をしてください。

時間はできれば60分、少なくとも30分はとりたいところです。

週末にまとめて、四回目の復習を！

四回目の復習は、週末とくに日曜日におこないます。一週間でやったことを総復習するのです。四回目の復習では、たっぷり時間をとります。時間の許すかぎり、その週でやったことを完ぺきに身につけるつもりでおこないましょう。

ここまで見てきたように、復習四度塗り作戦は次のようなものです。

①勉強した直後に、今やったことをざーっと見渡す一回目の復習（5分〜10分）

←

②寝る前に、一日勉強したことを総復習（30分〜60分）

←

③翌朝、昨日勉強したことを復習し、忘れている部分を再確認（60分程度）

←

④週末に、一週間で勉強したことを一気に復習（時間の許すかぎり）

この流れで復習をした後は、四回の復習で覚えられなかった箇所のみにしぼって五回目、六回目と復習していきます。ここまでしつこく復習を繰り返すと、本当によく覚えられていることに気づくはずです。

僕がこの「復習四度塗り」の話をすると、いつも決まって同じ質問がきます。それは、

「そんなに復習ばっかりしてて、先に進まなくていいの？」

という質問です。たとえば、大学受験で難関校に合格するには、難しい参考書を何冊も何冊もこなさなくてはいけないのでは？　という考えがあるからです。早く次の参考書に行かないと！　次の問題集をやらないと！　と思ってしまうのですね。

しかし、それは大きな間違いです。僕が説明した復習法は、そこまで日々の勉強を遅らせるものではありません。

それればかりか、勉強したことの定着率が、復習をしない場合に比べて格段に違ってくるため、結果的には成果が出るまでの期間は短くなります。

せっかく覚えたことも、復習しなければ忘れてしまいます。当然、試験本番中に問われても答えることはできないでしょう。

覚えたことを長期記憶に移行させるには、覚えてから時間が立たないうちに復習を繰り返すことが有効なのです。鉄は熱いうちに打て！　急がば回れ！　ということで、ぜひ復習四度塗りを取り入れてほしいと思います。

✓自分の名前を忘れてしまった友だちの話

さて、ここまでは繰り返し復習することの必要性について学びました。記憶には短期記憶と長期記憶があり、試験本番でも覚えておくためには、短期記憶を長期記憶にする必要あるということでしたね。

しかし、長期記憶にすればそれで万事解決かというと、そうではないのです。それを説明するために、少し僕の近所に住む友人Sさんの話をさせてください。

Sさんは高校生のとき、一年間の海外留学を経験しました。そのとき、英語を身につけるため、あえて日本語で書かれた本や、日本語が書いてあるものさえ持って行かなかったといいます。

完全に英語に没頭したかったということで、一年間日本語を話す機会はほとんどなかったそうです。彼女は一年間で、驚くほど英語力をつけて帰ってきました。しかし、彼女は英語力の向上以上に、自分が体験したことにとても驚いたそうなのです。

日本に帰ってきたSさんは、留学に出発する前携帯電話を解約していたため、まず携帯会社に向かったそうです。

一年間で進歩した日本の携帯技術に感心しながら、新たな携帯の契約を済ませようとしたときに、それは起こりました。

そう、契約書に名前を書こうとしたときに、自分の名前の「漢字」が、とっさに出てこなかったのです。数十秒ほど考えたのち、何とか思い出して書くことはできたそうですが、彼女は生まれてはじめての経験にものすごく驚きました。

アウトプットの重要性

Sさんの話からわかるのは、たとえ完ぺきに覚えて長期記憶になったものでも、使っていないと忘れてしまうということです。いや、忘れてしまうというより、「思い出すことができなくなる」というべきでしょうか。

もちろん今回の場合は、完全に思い出せなかったわけではなく、少しの時間考えることで思い出し、契約書に名前を書くことができました。

しかし、これがたとえば、日本史の人物名や世界史の王朝名だったらどうでしょう。英単語や古文単語、漢文の句形でも、理系科目の公式でもかまいません。そのような知識を、試験本番でど忘れしてしまったら。考えても考えても思い出せない！　という事態になる確率は高いと思います。

そこで必要なのが、日頃からアウトプットを繰り返す、ということです。アウトプットとはつまり、外に出すこと。覚えたことを使って実際に問題を解いてみたり、誰かに説明したりすることをいいます。

勉強では、知識を覚えるインプットだけでは不十分です。

なぜなら、仮に頭のなかに知識としてあり、答えを見れば「そうだった！」と思うような知識は、テストでは「覚えていないのと同じ」と判断されてしまうからです。せっかく苦労して覚えても、テストのときに使えなければ意味がありません。

何かを覚えるときは、つねに「アウトプット」を意識して勉強しましょう。

アウトプットの重要性を学んだところで、次にどうやってアウトプットしたらいいのか、具体的なやり方を見ていきましょう！

アウトプットの具体的なやり方

アウトプットのやり方としてまず思いつくのは、「問題を解く」ことでしょう。このとき大切なのは、「自分が正解できたか、できなかったか」を、しっかりと目に見える形にしておくことです。アウトプットは、覚えた記憶を引き出す練習であると同時に「覚えているかどうかの確認作業」でもあります。

もしも解いている問題が選択式であれば、「自分が本当に理解できていたのかどうか」に注意する必要もあります。なんとなく雰囲気で選んだ問題が正解することも多々あります。

ですが同じような問題がいざ試験で出たときに、今度も雰囲気で正解できるかはまったくわからないのです。なので、なんとなく選択肢を選んだ問題には、その時点でしるしをつけておくとよいでしょう。

その問題の答え合わせをしたときに、よりしっかりと解説を読むことができるからです。

それからもう一つ、大きな注意点があります。それは、

「問題を解きっぱなしにしない」

ということです。

あなたは問題集を解いていて、答え合わせを後回しにしてしまうことはないでしょうか？　たとえば、長期休みでよく出される問題集やワーク。

これらのやり方で多いのが、最後までやってからまとめて答え合わせをするという方法です。これは一見、時間の短縮になり効率がよいように見えますが、実際はまったくの逆です。その理由は、この章の前半部分で説明した話を考えてみればわかります。

そうです。覚えたことは、その直後にもっとも忘れやすい。問題を解いてから答え合

わせまでに時間をあけてしまうと、「問題を解いたこと」そのものを忘れてしまうのです。それでは、答え合わせの意味が半減してしまいます。

問題を解いた答え合わせは、できれば解いた直後、遅くともその日のうちにおこないましょう。

理系科目のアウトプットと注意点

理系科目の勉強では、問題を解くという勉強は欠かせません。ですから、このアウトプットの章で説明はいらないのでは？　と思う人もいるでしょう。ですが一つだけ、注意してほしいことがあります。それは、「問題を解いてみて、解けなかったとき」のことです。

数学や理科の勉強をするとき、ある程度その分野について理解したら、必ず問題集を解くことになるでしょう。そこで問題が解けないとき、解説をじっくり読んで解き方を理解することになります。問題は、その後です。ちょっと自分の勉強スタイルを思い出してみてください。わからなかった問題の解説を読んで理解した後、あなたはどうしていますか？

ここで大部分の人は、「次の問題に進む」か、「勉強をストップして休憩する」という選択をしてしまいます。しかし、それは効率がよくないのです。

もちろん、理解した問題はすべて解けるようになっている、ということであればまだよいのです。ところが、実際そんなことはありません。

理解して、「解けるようになったつもり」になっている場合が、圧倒的に多いのです。「解けるようになったつもり」状態を防ぐためにも、理解したことをアウトプット、

解きなおしをしたほうがよいでしょう。

加えて、問題を解きなおすことはそのまま、復習にもなります。そう、長期記憶になる確率を高めてくれるわけです。理解した後の解き直しは、「一石二鳥」の勉強法ということになります。

しかし、ここでも必ずといっていいほど、復習四度塗りのときと同じ質問を受けます。

「先に進まなくていいのでしょうか？」

という質問です。解説を読んだ問題と同じ問題をやる時間があったら、次の問題にどんどん進みたくなってしまう。その気持ちはわかります。

しかし、ここはぐっとこらえて、同じ問題を解いてください。ここでも、「鉄は熱いうちに打て！」「急がば回れ！」ということがいえます。完ぺきに解けるようにするのは、次のときでもいいんです。解きなおしをしてみてまたわからなくなってしまったときは、解説をちらちらと見ながら、解説をヒントにして解き進めましょう。

それでもだめなときは、理解しながら解答を書き写すのでもよいです。なので、この「解きなおし」という作業は、絶対にやってほしいなと思います。

わからないところを明確にする

勉強をしていて、「解説を読んでも理解できない」「わからない」ということは多々あると思います。ここで、ものすごく大切なことがあります。それは、次の二つをはっきりさせることです。

・わからない場所
・わからない理由

たとえば、数学の問題が解けず、解説を読んだときに、「わからない！」となったとしましょう。そのとき、

わからない場所 ☞ 解説四行目の数式
わからない理由 ☞ この数式はどこから導き出されたのかわからないから

というふうに、はっきりとさせるのです。慣れないうちは、わからない場所と理由を、こうして書いてみるのもよいでしょう。

「なんとなくわからない」状態にしてしまう人は、今日から要注意です！　わからない部分を、徹底的にはっきりとさせましょう。

わからない場所と理由が明確ならば飛ばしてかまわない

これもとくに理系教科にいえることなのですが、わからない問題があると、それを解くのにすごく長い時間をかけてしまう人がいます。

また、その後解説を見ても理解ができない場合、そこでもまた長く考えこんでしまったりするのです。2分~3分程度考えるのならばよいのですが、一つの問題に10分、20分と時間をかけてしまうのは、非常に効率が悪い！　ということを覚えておいてください。

わからない問題を考えている時間は、一見するとものすごく頭を使っているような気がします。しかし実際のところ、そうでない場合も多いのです。「考えているようで、何も考えていない」という時間が、そこにはたくさん隠れています。

また、大学受験レベルの試験でいえば、「わからない」ではなく「知らない」ということも多くあります。数学でいえば、解き方のパターンや、公式の使い方など、「知っていれば解ける問題」が大部分です。

それ以外の問題も、知っている知識の組み合わせで解ける問題にすぎません。それなのに、そもそもその「知識」を知らないで、あれこれ考えても答えは出ないのです。

問題を解いていて、行きづまってしまったとき。そのときは、2分か3分止まって考えてみて、それでもわからなければすぐに答えを見ましょう（これは数学の文章問題などの場合で、単純に知っているか知らないかの知識問題の場合は、30秒で答えを見てかまいません）。

そして、答えと解説を見ても理解ができない場合、わからない場所と理由をはっきりさせたら、その場で誰かに質問しましょう。

すぐ近くに聞ける人がいない場合、学校に行ったときに先生に質問してください。このとき、「どこがなぜわからないか」をはっきり質問することで、先生も的確なアドバイスがしやすくなります。

勉強が嫌いになってしまう理由の一つには、

「わからないという苦痛」があります。

勉強が好きでない人が、わからない問題をいつまでも考えつづけていたら、さらに勉強が嫌いになってしまうでしょう。

しかし、「わからない」をはっきりさせた後に、誰かに教えてもらって理解できれば、きっととても爽快な気分になるでしょう。

なかには数学などを考えるのが好きで、「納得いくまでとことん考えたい」「自分の力で理解したい」という人もいるでしょう。

そういう人は、考えに考えて解けたときの感覚が大好きなのです。

ですが、多くの試験には時間制限があります。その時間内に解けなければ、点数はもらえないのです。

また、「試験までの」時間、日数もかぎられています。そのなかで、他の科目の点数もとれるようにしなければならないのです。

だからこそ、わからない問題にあまり時間をかけすぎることがないよう、注意してほしいと思います。

✓わからない部分が多ければ大きく戻ることも必要

今やっている参考書や問題集で、自分一人で理解できない部分が多いときは、使う教材のレベルを少し戻す必要があります。

僕が勉強を教える仕事をしてきて実感したのが、自分の今の学力に合った勉強をすることの大切さでした。生徒やメールマガジンの読者さんから、「成績が上がりません」という相談を受けるとき、その原因としてよくあるのが「今の自分の学力に合っていない勉強」です。

受験勉強のなかには、積み重ねの必要なものがたくさんあります。

たとえば英語。高校三年生のなかにも、中学英語の理解が弱い生徒が本当に多くいるのです。高校英語は、中学英語を基礎に成り立っていますので、中学英語がわからなければいくら高校の範囲を勉強しても、成績が上がるはずがないのです。

もっとやっかいなのが、国語です。中学生までで身につけておくべき漢字や文法などがわからなければ、高校の現代文は絶対に解けるようになりません。

中学で学ぶ国語の知識は、当然知っているものとして問題は成り立っているからです。しかも、国語力の不足は、国語以外の科目にも大きな影響を及ぼします。中学漢字がわからなければ、社会科目だけでなく理系科目の勉強の進みも遅くなってしまうでしょう。

このような事態は、他の科目でもいえることです。こういうときは、遠回りに思えても「大きく戻る」ことが必要になってきます。

戻ることは時間のロスにはなりません。

戻ったほうが、無理に今の勉強を続けるよりも近道なのです。

もしも今の勉強の進み具合があまりに遅いようであれば、「この勉強は、今の自分のレベルに合っているのか？」と考えてみましょう。そして、ときには勇気を持って大きく戻ることも必要です。

僕が教えている高校生の生徒でも、成績が伸びる生徒は基礎を絶対におろそかにしません。

中学分野をやったほうがいいとなれば、すぐに本屋さんへ行くか、オンライン書店を利用して中学の参考書を買ってきます。

僕がこれまで教えてきた生徒で、高三の夏休みに中学英語の勉強をさせた生徒がいました。一緒に勉強していると、高校で出てくる難しい単語は結構知っているのに、中学で習う単語や熟語でわからないものがとても多かったのです。

そんな彼には、中学生が高校入試用に使う英単語帳と熟語帳を買ってきてもらい、一気に詰め込んでもらいました。

そうすると、今までの勉強が嘘のように英語の進みがよくなり、最終的にセンター試験では168点をとってきました。大きく戻ることで、このような「逆転」も可能になります。

第2章まとめ

1 記憶のしくみ

- 記憶には、短期記憶と長期記憶がある。
- 短期記憶は短い期間で忘れてしまう記憶で、まずこちらに記憶される。
- 長期記憶は比較的長い間覚えておける記憶で、短期記憶から「必要だ」と判断されるものだけ、こちらに移る。
- 「必要＝命に関わる」知識が長期記憶になるため、英単語などの知識はなかなか定着しづらい。
- そのために必要なのが「繰り返し」である。

2 繰り返し方と覚え方を工夫しよう

✧覚え方を工夫することで、繰り返しの回数が減って楽になる。

✧「復習四度塗り作戦」で記憶を整理しよう。

✧人間は覚えた直後が一番忘れやすいので、まずここで一度復習をする。

✧次に記憶が整理される睡眠中に備えて、「夜寝る直前」に二度目の復習をする。

✧そして睡眠中に記憶がどのように整理されたか確認するため、「朝起きてから」三度目の復習をする。

✧この際、忘れていることは、長期記憶に仕分けされなかったものなので、再度覚え直して、長期記憶へと促そう。

✧最後に四度目の復習は、週末、とくに日曜日におこなう。

✧一週間でやったことを完ぺきにするため、時間の許すかぎり、一気に復習しよう。

✧遠回りと思われる復習だが、実は復習をしっかりしないほうが遠回り。急がば回れ！

3 アウトプットのやり方

✧アウトプットは、覚えた記憶を引きだす練習であり、「覚えているかどうかの確認作業」でもある。

✧選択式問題では、「自分が本当に理解できていたのかどうか」に注意する。

✧雰囲気で解いた問題は、答え合わせのときに、よりしっかり解説を読むこと。

✧次に「問題は解きっぱなしにしない」こと。

✧問題を解いてから答え合わせまでは遅くともその日のうちにおこなおう。

✧理系科目で「問題を解いてみて、解けなかったとき」は、「解けるようになったつもり」状態を防ぐために「解きなおし」をしよう。

✧加えて問題を解きなおすと、そのまま復習にもなる。

4 わからないところは明確にする！

✧「わからない」と思ったら「わからない場所」「わからない理由」を明確にする。

✧「わからないなあ」と考えている時間はもったいない！

✧それは、実は「考えているようで、何も考えていない」時間になっている。

✧行きづまったときは、2、3分考えてわからなければ、すぐに解答を見よう。

✧それでも理解できないときは、わからない場所・理由を明確にして、誰かに質問しよう。

✧わからない部分が多いなら、大きく戻ることも重要。

✧受験勉強は、積み重ねの必要なものがたくさんある。

✧基礎が成り立っていなければ、その上に応用は成り立たない。

✧「大きく戻る」ことが、実は「近道」になる！

大学受験
コラム

古文は、恋愛小説です

古文は「何をいっているかわからない！」という人は、とても多いです。しかし、内容は、皆さんが日頃読んでいる携帯小説や恋愛体験談と何も変わらないんです。

たとえば、日本の代表する長編作品『源氏物語』は、主人公光源氏と、さまざまな女性たちの恋の物語です。当時は「一夫多妻制」という制度があり、一人の男性に、奥さんが何人もいる時代でした。そこで繰り広げられる人間模様を表しているのが『源氏物語』です。

古文はほかにも、「○○さんのことが好き」「○○さんがほかの女の子と遊んでいたらしい」「今日、○○に行きました」等、日常の何気ないことから、恋愛の妄想まで、現代でも書かれているような内容が描かれています。

では、皆何につまずいてしまうのか。それは「文法」と「語句の意味」です。まず、文法は、現代語と違うところもあり、とっつきにくく感じます。さらに、自分が生まれたときから使っている言語ではないので、親しみがありません。

現代語なら何も考えずともわかる「活用」が古文になった途端わからなくなって

しまうんですね。「活用」とは、ある用言（動詞・形容詞・形容動詞）の下に続く語句によって、用言の形を変えることをいいます。

たとえば、「読む」という動詞の下に「ない（打消の意）」が接続すると、「読まない」となりますね。「ば（仮定の意）」が接続すると「読めば」となります。このように、現代語ではすぐに活用させて文章を作ることが可能です。

では、古文ではどうでしょうか。

「うつくし（形容詞）」に「ず（打消の意）」を接続させると？「うつくし」に「ば」を接続させると？これは知っている人は簡単にわかるものですが、知らなければ、きっと頭を悩ませると思います。古文には、動詞には九つの活用の種類、形容詞・形容動詞には二つずつの活用の種類があります。

なので、その種類と、活用形を覚えることがスタートラインになるんです。つまり、古文の「活用」は、普段使わないからこそ、活用形を暗記することが必須事項になってくるということです。

そして、古文は用言に加えて、助動詞と呼ばれるものにも活用が存在します。助動詞は読んで字のごとく、「動きを助ける」ものです。用言の活用が完ぺきになった後は、この助動詞の活用を暗記していきましょう。

代表的なものとして「過去の助動詞けり」があります。文章中でもよく使われて、目にしたことは多い助動詞だと思います。

「昔、男ありけり」

という文では、「けり」の過去の意味を反映して、「昔、男がいた」という訳になります。「過去」という助動詞の意味を覚えると同時に、活用も覚えます。「過去の助動詞、（けら）○けりけるけれ○」と呪文のように唱えて頭に叩き込みます。

加えて、助動詞にはもう一つ重要な、「接続」というものがあります。未然形の語に接続する助動詞、連用形の語に接続する助動詞、終止形の語に接続する助動詞……など、何形に接続する助動詞なのかを覚えていきます。「けり」は連用形接続の助動詞です。

先ほどの例文で見てみると、「けり」の直前の「あり」は「ラ行変格活用、連用形」ですね。ですが、この例では、「なんのために接続を覚える必要があるの？」と思う人もいると思います。接続を覚えることによって、何が得られるか。次の例文を見てみましょう。

「男もす（①）なる日記といふものを、女もしてみむとて、する（②）なり（『土佐日記』）」

①「なる」と②「なり」は、どちらも助動詞です。ですが、違う意味を持った助動詞なんです。①は「伝聞推定の助動詞・なり」、②は「断定の助動詞・なり」となります。

では、なぜそれがわかるかというと、そう、上の語句なんですね。①は「す」が「サ行変格活用動詞・終止形」、②は「する」が「サ行変格活用動詞・連体形」です。「伝聞推定の助動詞・なり」は終止形接続の助動詞、「断定の助動詞・なり」は連体形接続の助動詞にあたります。

つまり、このような接続を覚えておくことで、どちらの助動詞が使われているのかを判断し、訳に反映させることが可能になるわけです。

ここまでの流れをまとめると、

（1）用言（動詞・形容詞・形容動詞）の活用の種類と活用形を覚える。

（2）助動詞の種類、活用形、接続を覚える。

となります。

「文法」を攻略したら、「語句の意味」に入りましょう。

現代語で、皆さんが多くの語句の意味を知って話しているように、古語も語句の意味を知らなければ、読めないものも多くあります。古語には三つに分けて、

①現代語と同じ単語で同じ意味を持つもの
「をかし」↓「おかしい（滑稽だ）」「見る」↓「見る」など
②現代語と同じ単語だけど、違う意味を持つもの
「たより」↓「頼みとなるもの、機会」「おと」↓「噂、評判」など
③現代語には存在しない単語
「かち」↓「徒歩」「つきづきし」↓「ふさわしい」など

があります。

もちろん③は、知らなければわかりません。①、②に関しても、どちらに属するものか、はっきりとさせておかなければ、間違った訳をしてしまう原因にもなってしまいます。

よく質問で、「古典単語は何単語くらい覚えていればいいですか？」というものがあります。これは、志望大学にもよりますが、平均して五百語は最低でも覚えておく必要があると僕は考えています。

もちろん、志望校によって増減はあるので、一概にはいえませんが。

古典単語の覚え方にもいろいろあります。

・漢字から連想して覚える
・語源で覚える
・例文で覚える
・語呂で覚える

など、自分がやりやすい方法でいいと思います。

ただ、僕の場合は、語呂を使って覚えるのが、圧倒的に早く、暗記もしやすく、かつ忘れにくく感じました。

僕が活用していたのは『ゴロで覚える古文単語ゴロ565withCD』（板野博

行著・アルス工房）です。なにより語呂が覚えやすいのと、CDがついているのがとてもいいです。

前述もしていますが、聴覚からの暗記は、大変暗記効率がよく、頭に残りやすいです。CDを活用して、何度もスキマ時間に聞いて覚えるのがおすすめです。

ここまで、「文法」と「単語（語句の意味）」にしぼって話をしました。

ここまでを完ぺきにすれば、古文はあなたの確実な点数源になるでしょう。あとは、自分の志望校の赤本や過去問、問題集などの演習をしておけば、ばっちりです。

ただし、国立二次試験で古文が必要な人や、ハイレベルの私立大を目指す場合は、これに加えて「古文解釈」が必要となります。そういう人たちは、『古文解釈の方法』（駿台文庫）をすすめておきます。

基礎を押さえたうえで、内容を深く理解するための方法がわかりやすく説明してあるので、文法、単語と完ぺきになったら、この参考書に取り組むといいでしょう。

第3章

誰でも出せる！　やる気と集中力

「やる気」が出ないが最大の悩み

僕が発行するメールマガジンのなかで、以前アンケートを実施しました。内容は、「あなたの勉強に関する悩みはなんですか？」というもの。

約千人の読者さんが答えてくださったのですが、そのうち70パーセント以上の方が、「勉強のやる気がなかなか出ない」「勉強の集中力が続かない」という、二つの悩みを持っていました。また、「やる気はすごくあります！」といってはいても、「どれくらい勉強しているの？」と質問をすると、「今は一日一時間もできてないんです……」という答えが返ってくることも結構あります。やる気と集中力をコントロールし、継続的に勉強する。それは大きな課題です。

たとえば、夏休みの宿題について考えてみてください。夏休みが始まる前は、「今度こそ、コツコツ毎日宿題をやって、早く終わらせよう！　それで、後半はおもいっきり遊ぼう！」

そんなふうに考えていたのに、いざ夏休みがはじまると、全然やる気が起きない……

「とりあえず、『進撃の巨人』を読んでリフレッシュしよう！　明日から頑張ろう！」そう思いながらズルズルと先延ばしにしてしまう。気がつけば夏休みもあと一週間で、ものすごく後悔……そんな経験はないでしょうか？　はい、僕にももちろんあります（笑）。

多くの人が、このような体験をしたことがあると思います。しかし、これは仕方のないことです。

人間はそもそも、長期的な欲求より、短期的な欲求を優先させるようにプログラミングされているのです。だから、「宿題が終わってすっきりした気分の、夏休み後半」よりも、「今楽しめる『進撃の巨人』」になってしまうわけです。

勉強の「やる気」と「集中力」。この二つをコントロールするには、コツがあります。この章では、すぐに実践できて、しかも効果バツグンの方法を紹介していきます。

「これならできそう！」

と思ったものがあれば、どれでもいいです。早速今日から実践してみてください。きっと、あなたにぴったりの方法が見つかるはずです！

脳の困ったちゃん、「側坐核」

「作業興奮」というものをご存知でしょうか？　これは、心理学者クレペリンが発見した、やる気の仕組み。簡単にいうと、「めんどくさいと思ってたけど、始めたらなんかはまっちゃった！」という状態のことです。

掃除などの単純作業は、始める前はすごくめんどくさい。でもしょうがなく取りかかってみると、細かいところまで完ぺきに掃除してしまったりしますよね。なぜ、こんなことが起きるのでしょうか？

やる気と非常に関連している脳の部分に、「側坐核」というところがあります。この側坐核が働いてくれれば、僕たちはやる気が出て勉強を頑張ることができます。

しかしこの側坐核、困ったことに、実際に勉強を始めないと働いてくれないんです。勉強などの作業を開始してはじめて、側坐核は動きはじめ、僕たちにやる気を与えてくれます。これを、「作業興奮」といいます。

つまり、「やる気が出る→勉強する」という順番ではなく、「勉強を始める→やる気が

出て勉強が続く」という順番なんですね。このように説明すると、

「勉強を始めるっていうのが、難しいんだよ！」

という声が聞こえてきそうですね（笑）。そこで僕が提案するのが、「一秒だけ勉強法」です。

一秒だけ勉強法

「やる気が出てから、勉強をするのではなく、勉強を始めてからやる気を出す！」という話をしました。

しかし、それがわかってもなかなか取りかかれないのが勉強というものです。ここで一つ、質問があります。

「あなたは、どれくらいの時間すれば勉強と考えていますか？」

という質問です。勉強といえば、最低30分はするものだ、いや一時間するものだ。答えはさまざまだと思いますが、「一秒でも勉強だ！」と答えた方は、そういないのではないでしょうか。

勉強をある程度長時間しなければいけない。そう考えることが、勉強のやる気を疎外する大きな原因の一つです。勉強のやる気がでない！　と思うときは、一秒だけでいいから勉強しよう！　そう考えて、勉強を始めてみてください。

一秒でいやになったら、そこでやめてオーケーと考えましょう。

たった一秒、そう考えると、なんだか勉強を始めるのが楽になりませんか？　もし一秒勉強してみて、もう少し続けられそうだったら10秒、20秒と時間を伸ばしていってください（この「一秒だけ勉強法」は、以前僕が提唱していた、「10分間勉強法」をさらに進化させたものです）。

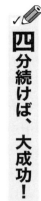

四分続けば、大成功！

さて、あなたは「一秒だけ勉強法」を使い、なんとか勉強を開始することができました。次のステップは、「勉強を四分間続ける」ということ。

最初の四分間、勉強を続けることができれば、「作業興奮」により側坐核も働きはじめます。これは、アメリカの心理学者レナード・ズーニンが提唱した、「初動の四分間」という法則です（これは、勉強以外にも当てはまる法則。物事は、最初の四分間が肝心ということですね！）。

ここでポイントなのが、

「勉強のスタートには、難しいことをやらない！」


ということ。

勉強を始めてすぐの時間は、まだ脳は活発に動いていません。

側坐核もやっと重い腰を上げようとしているときに、難しい数学の問題を解きはじめたり、長い現代文に取りかかったりすると、続ける気力がなくなってしまう可能性があるのです。

それでは、何から始めるのがよいでしょうか？

勉強を始めるときのおすすめベストスリー

①一度理解した文章の音読

音読は、非常に効果的な勉強法です。詳しくは第四章で説明しますが、ここでは勉強のスタートにおすすめ！　ということで、紹介します。

一度は理解した文章をしっかり声に出して読むこと。

たとえば、２００～３００ワードくらいの英文（速読英単語の英文と同じくらいの分量）の、一度じっくり読んだ英文を音読するとよいでしょう。

英語だけでなく、古文や漢文、地歴公民などの暗記科目の教科書でもＯＫです。学校の先生になったつもりで、大きめの声でハキハキと音読しましょう。

音読には、記憶力や集中力のアップ、脳の活性化などさまざまなよい影響があるので、勉強のはじめにもってこいです。

僕の生徒でも、勉強のはじめに10分間の英文音読を習慣にしてもらったところ、勉強に集中できる時間が大幅にアップした人がいます（彼はその後、英語だけでなく、全科目の偏差値が少しずつ上がっていきました）。

②一度やった内容の復習

復習の重要性は二章で詳しくお話しましたね。ここでは、勉強のスタートして、復習を取り入れましょう。

たとえば数学をこれから勉強するのであれば、いきなり新しい問題を解くのではなく、一度解いた問題の復習から始めるのです。

一度解いて解説も読んだ問題であれば、理解に苦しむということは少ないはず。そこから勉強を始めれば、スムーズに勉強に取りかかれます。

数学だけでなく、他の分野でも同様です。前日勉強した範囲を軽く復習するというのも、勉強のスタートにはうってつけです。

③単語のチェック

英単語や古文単語など、単純な暗記物のチェックも、勉強のスタートにはおすすめです。単語の確認は、とにかく自分が覚えているか覚えていないかを仕分けし、覚えていないものを覚えるという単純な作業。

いきなりハードな長文を読みはじめるより、気軽にスタートできます。

前日のうちに翌日の勉強の準備をしておく

「一秒だけ勉強法」は、とにかく勉強を始めるための方法でした。

ほかにも、勉強を始めやすくなる方法、勉強に取りかかりやすくなる方法があります。

それは、「前日のうちに、翌日の勉強の準備をしておく」という方法です。

「勉強を始めるのがめんどうくさい！」

そう思ってしまうのは、

「何を勉強しようか考えるのが面倒くさい」

という理由や、

「勉強の準備をするのが面倒くさい」

という理由があるからです。しかし、前日のうちに準備をしておけば、その気持ちはなくなります。

机の上には、家に帰って来てから最初にやる教材を決め、やる部分を開いておきましょう。筆記用具なども、しっかり準備をしておきます。

このようなちょっとした工夫で、勉強は始めやすくなるものです。

✓制服のまま勉強する！

学校から帰ってくるとついダラダラしてしまうという人は、本当に多いです。そんな人は、制服を脱がずに勉強を開始するという方法を使ってみてください。家に着き、手洗いうがいをしたら、そのまますぐに勉強を始めるのです。

制服を脱ぎ、リラックスウェアーに着替えてしまうと、気持ちはつい緩んでしまいます。そのままリビングでテレビでも見はじめてしまえば、一時間や二時間はあっという間です。そのまま晩ごはんの時間になり、お腹がいっぱいになって食休み。その後お風呂に入って……なんていうふうにしていると、気がついたら22時を過ぎていた！　なんてことになってしまいます。

家に着く前はすぐ勉強しようと思っていたのに、実際に始めたのは何時間もたってから。時間が経ってからやばい！　と思い、勉強を開始できればまだよいのですが、「今日はもう眠いから、明日から頑張ろう……」そうなってしまうことも多々あるでしょう。

そうならないためにも、家に着いたら着替えずに、すぐ勉強を始めるという習慣をつけるのがおすすめです。

テスト前に掃除をしたくなるのはなぜ？

始めるまでが面倒くさいもののたとえとして、掃除の話をしました。

ですが、いつもはすごく面倒くさい掃除なのに、テスト前になるとなぜかやりたくなってしまいますよね。それはなぜでしょうか？

実はそれは「セルフ・ハンディキャッピング」といって、防衛本能の一つなのです。

自分が失敗しやすいような状況を作り出すことで、失敗したときの言い訳にする。失敗したときに、「自分が失敗したのは理由がある！ それがなければ、自分ならできたはず！」というふうに、自分が傷つかないように守っているんですね。あのとき掃除を始めなければ、テストでも点数がとれたはず！

「だからこれは、自分の実力のせいじゃない」

これが、テスト前に掃除がしたくなってしまう理由です。

これは、掃除以外にも当てはまりますね。テスト前なのに、なぜか最近読んでなかった漫画を読みたくなってしまう。何度も読んだ小説や、録画して見ていなかったテレビの場合もあるでしょう。

セルフ・ハンディキャッピングで自分を守れるのはそのときだけ。必ず、後で大きな後悔をしてしまいます。しかもこのセルフ・ハンディキャッピングは、本当にやればできる人ほど陥りやすいのです。

しかし、セルフ・ハンディキャッピングをすればするほど、当然勉強はできなくなります。勉強だけでなく、すべてにおいて成功できる確率はどんどん下がってしまうのです。なので勉強のやる気を出すためには、やめるための対策をとらなければなりません。


もしあなたが、テスト前につい掃除を始めてしまう、漫画を読んでしまうなどの癖があれば、それをしっかりと自分で認識することが大切です。

そして、「これは、セルフ・ハンディキャッピングだ！」と意識しましょう。勉強しなければ！　と思っているのに、防衛本能のためにほかのことをしてしまう。

それはつまり、本当は「掃除をしたいわけじゃない」「漫画を読みたいわけじゃない」ということです。そうやって、毎回意識するようにしてください。

「あの人だったら」と考える

あなたのまわりに、勉強がものすごくできて、あなたが憧れてしまうような人はいませんか？　もしいたらその人を思い浮かべてみてください。

もしもいなければ、エジソンでも、アインシュタインでも、宮沢賢治でも、誰でもかまいません。漫画やアニメに出てくる、頭のよいキャラクターでもよいです。その人のことを思い浮かべてみましょう。

セルフ・ハンディキャッピングをしてしまっている！　そう意識したら、

「もし自分が、あの人だったら？」

と、問いかけてみてください。もし自分があの人だったら、これから掃除をしたり漫画を読んだりするだろうか？　もし自分があの人だったら、今からどう行動するだろうか？　そう考えます。

できればもう一歩踏み込んで、

「自分は今、エジソンだ！」

というふうに、思い浮かべた人になったつもりで行動してみましょう。そうすることで、セルフ・ハンディキャッピングを打ち破ります。

僕が中学生の頃は、よくこの思考法を使ってセルフ・ハンディキャッピングを克服していました。

歴史上の偉人などではなく、ある漫画のキャラクターを思い浮かべていたのを覚えています（笑）。DEATH NOTEという漫画の、夜神月というキャラクターです。当時の僕は、超人的な頭脳を持ちながら、どこか人間味のある彼にとても魅力を感じていたんですね。彼は目的を達成するためなら、どんな苦労もいとわずに行動します。そんな彼に自分を重ねることで、勉強のやる気も出していました。

合格した後、やりたいことを考える

一章でもお話したように、不純な動機でもよいからとにかく強い理由、動機を見つけておくと、勉強にとてもプラスです。

あなたが合格後にやりたいことが明確かつ強烈であればあるほど、勉強のやる気につながります。

この章の最初に、「人間は長期的な欲求より、短期的な欲求を優先させてしまうようにプログラミングされている」と書きました。行動経済学ではこのことを「双曲割引」といいます。

ものの価値は、時間の経過とともに減少してしまうということです。一年後の大学合格の価値は、本来ものすごく大きいはず。それでも目の前の漫画やテレビに負けてしまうのは、この双曲割引によって合格の価値が少なくなっているからなんですね。

これは私たち人間が弱い動物だからではありません。双曲割引は人間の基本的な性質なので、仕方がないのです。

ではどうすれば、一年後、二年後の合格のために勉強することができるでしょうか。

それは、割引されて価値が減ってしまっ

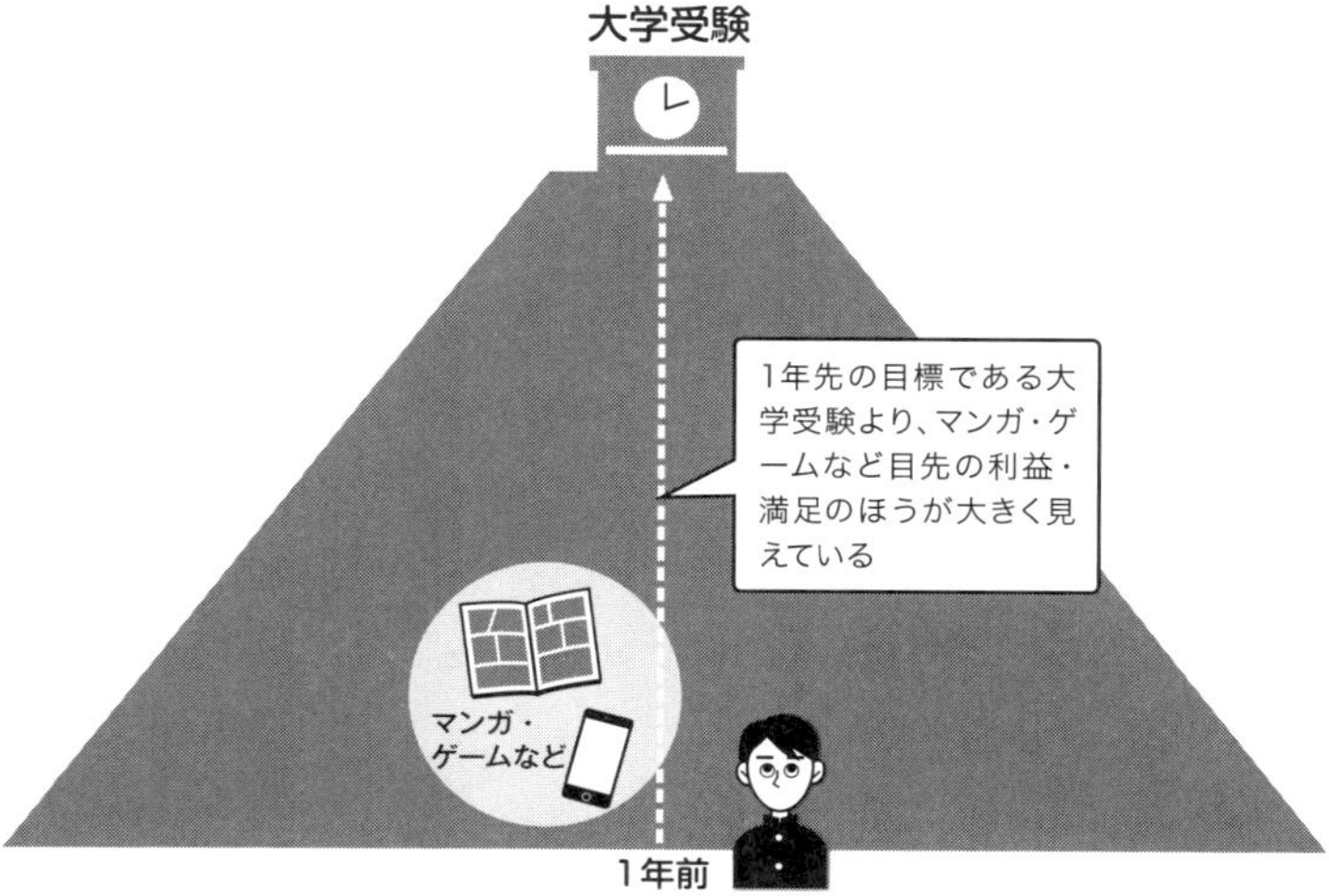
大学受験
1年先の目標である大学受験より、マンガ・ゲームなど目先の利益・満足のほうが大きく見えている
マンガ・ゲームなど
1年前

ても、それでも今漫画を読む価値より上まわるようにすればいいのです。合格という価値は、先であればあるほど少なく見積もられてしまいます。

ただでさえ少なくなってしまうのですから、「なんとなく、合格できたらうれしいなー」と思っているくらいでは、目の前の欲求に負けてしまいます。なので、あなたにとっての「合格の価値」を最大限まで高めておく必要があるのです。

そのためにも、「合格した後、あなたができること、やりたいこと」を、具体的にしておきましょう。考えるだけでワクワクできるようなことであればあるほど、合格によって得られる価値は高まります。そのために僕がおすすめしているのが、「欲望ノート」の作成です。

やる気を引き出す「欲望ノート」の作り方

欲望ノートは、あなたのやる気アップを強力に後押しします。早速、作り方と使い方を解説します！

①新しいノートを用意する

これからやる気をアップさせてくれるノートであり、試験までずっと使うノートです。文房具屋さんで、ちょっといいノートを買いましょう。デザインが気に入ったものを選びます。とくにおすすめなのは、思いっきり自由に書くことができる無地（線が入っていないもの）のノート！

②第一志望の大学や、目標とする試験に合格した後やりたいことを、どんどん書いていく

とにかく、どんどん書いていきましょう！ポイントは、できるかぎり具体的に書くこと。それから、ワクワクするようなことを書くことです。この「具体的」と「ワクワク」というの

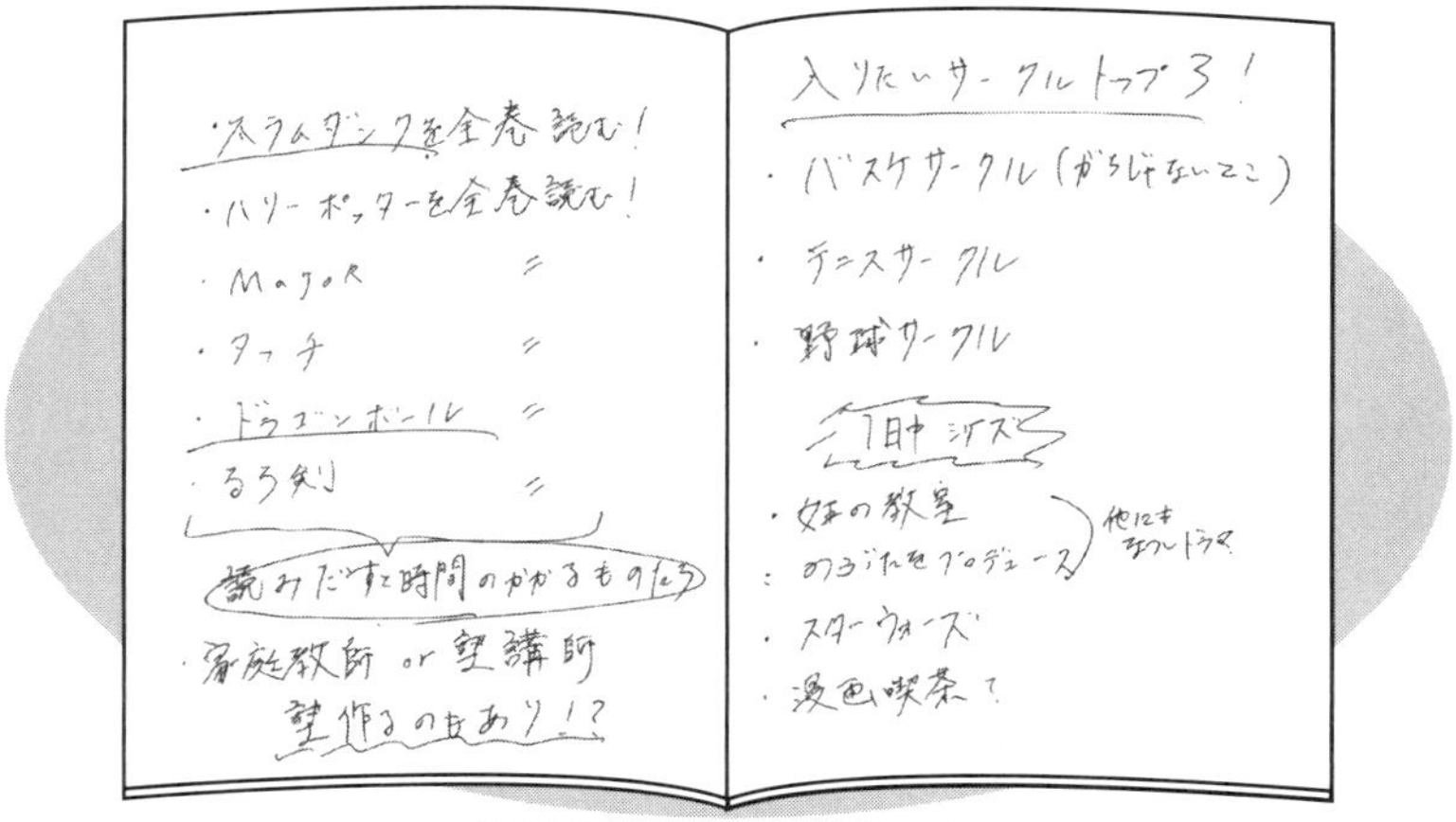

僕が高校生の頃作った「欲望ノート」

はとても大切なので、意識してください。たとえばですが……

✌テニスサークルに入って、毎日テニスに明け暮れる。日に焼けてしまい、シャワーを浴びるとすごくしみる！
✌かわいい彼女（または彼氏）を作って、クリスマスデートをする。ホワイト・クリスマスになって、すごくロマンチック。
✌休日に、一日中海外ドラマを見まくる。ポップコーンを片手に、部屋を暗くして本格的に！

こんな感じに、とにかく具体的に書きましょう。やりたいことを書くだけでなく、それをやっている情景を思い浮かべながら書くとさらに効果的です。

③やる気が出ないとき、やる気がなくなりそうなときに見返す

ただ書いていくだけでも欲望ノートは有効ですが、見返しながら想像（妄想）をふくらませるともっと効果的です。やる気が出ないときに開き、書いたことを読みながらその様子を想像しましょう。

④つい漫画を読みたくなってしまったときは、それをノートに書き込む

もちろん、勉強に休憩は必要なので、少しの時間ならば漫画を読んでもいいと思います。しかしたとえば、一巻から六十巻以上も出ている『銀魂』を最初から読みはじめてしまったら……読み終わるまでにものすごい時間がかかりますよね。

漫画は数巻で終わるものもありますが、五巻十巻それ以上と続くものも多いです。自分の好きな漫画であれば、続きを読みたくなるのは当たり前。仮に無理やり読むのをやめて勉強を始めても、頭のなかでは無意識に続きのことを考えてしまいます。

漫画だけでなく、小説や連続ドラマなど、長い時間がかかるものを読んだり観たくなってしまったときは、欲望ノートにそれを書き込みましょう。そして、目標達成後に思い切りそれを楽しんでいる様子を想像して、今は勉強に集中するのです！

⑤自分なりに、どんどんノートをアレンジしていく

ここまで説明した、基本的な作り方をもとに、あなたが書いて楽しい、読んで楽しいノートに工夫していきましょう。絵を書くのが好きな人は、イラストを入れてもよいと思います。筆ペンで気合いを入れて書いたり、書くことを実行する日の日付を、

未来日記のように書いていった生徒もいました。

欲望ノートの作り方、使い方は以上です。このノート、実際に僕の生徒たちに作ってもらうと、思った以上の効果が出ます。

なかにはこのノートがきっかけとなり、学校でビリから数えたほうが早いような成績だったのが、成績優秀者として名前が呼ばれるようになり、先生に驚かれた生徒もいました。本当に強力なので、あなたもぜひ作ってみてくださいね。

✓合格後を繰り返しイメージする

合格後の楽しいことやうれしいことを想像することは、勉強のやる気にとても重要です。欲望ノートを取り入れるだけでなく、合格した瞬間や合格後のことを、繰り返しイメージする癖をつけるといいでしょう。

ここでもポイントは、「具体的」と「ワクワク」です。僕は高校時代、夜寝る前は必ずこのイメージトレーニングをしていました。どんなイメージをしていたか、ご紹介します。

イメージトレーニングのスタートは、試験本番の様子をイメージすることです。ここでは、自分がとくに力をいれて対策していた問題が、数多く出ている様子を思い浮かべます。

「やったぞ！ 解ける！ これはいける‼」

そう確信して、自信満々に解いている様子をイメージ。

その後は、合格発表当日をイメージします。僕の場合は、合格発表はインターネット上で見る予定でしたので、その様子をできるだけリアルにイメージしていました。

合格発表当日は、気になって眠れないのでずっと起きて漫画を読んだり、アニメや映画を見ている。そして、時間の五分前くらいになったら、トイレを済ませてパソコンの前で待機。発表開始一分前を過ぎたら、発表ページで更新ボタンを連打！ 時間になってから少ししてつながり、ざーっと見ていくと……自分の番号を発見！

こんな感じで、毎晩毎晩イメージトレーニングを繰り返していました。二日に一回は、試験本番を終えたあたりで寝落ちしていましたが（笑）。

人間は、イメージできないことは、達成できません。しかし、イメージしつづけることができ、それを信じつづけられれば、大抵のことは達成できます。

たとえば、世界ではじめて有人動力飛行に成功したライト兄弟。当時、人間が空を飛ぶなんてことは、科学的に不可能であると考えられていました。

しかし、彼らは「空を飛ぶこと」をイメージしつづけ、「飛べる！」と信じつづけたからこそ、人類史上初の偉業を成しとげたわけです。

また、脳は「イメージしたことが実際に起こるように働く」という特徴があります。イメージを明確に、具体的に、何度もしていくと、脳が勝手にそれを達成しようと、私たちを行動させてくれるのです。

勉強って、そんなに悪くない

京大に入ってみて感じたのは、思ったよりも「勉強大好き！」みたいな人が少ないことです。世間一般の人が想像するよりも、はるかに多くの学生が授業をさぼったりしています（笑）。ですがポイントは、「大好き！」っていう人は少ないけれども、同時に「勉強が嫌い！」という人も、とても少ないというところです。

僕の印象ですが、勉強は好き？ と大雑把な質問をすると、「好きではないかもしれないけど、嫌いじゃない」という人、「分野によっては好き」という人が本当に多いと感じます。この、「勉強が嫌いではない人の割合」がとても多いのが、京大の特徴です。

この話をすると必ずといっていいほど、

「大好きな人は少なくても、やっぱり勉強をそれなりに楽しめるような人が、京大とかに行くんだ。勉強が嫌いな自分は……」

という答えが返ってきます。しかし、ちょっと待ってください。

生まれつき勉強は嫌いだっただろうか？

僕は、誰しも最初は、勉強が嫌いではなかったと思うのです。いや、むしろ本来は、勉強が大好きだったのではないかとすら思います。

生まれて一年や二年の赤ちゃんは、本当に好奇心旺盛です。何でも覚えるし、何でも楽しみます。

そして、お父さんやお母さん、まわりの人が話すのを聞きながら、どんどん言葉を覚えていきます。身のまわりのことに興味津々で、次々と知識を吸収していくのです。

それから、幼稚園や保育園に入ると、家族以外の人ともいろいろと接するようになります。そこでも、いろいろなことを学びます。小学生になれば、ひらがなや簡単な計算から順番に勉強していきます。

あなたは赤ちゃんの頃、言葉を覚えたり知識を吸収するのが嫌いだったでしょうか？小学校低学年の頃はどうでしょう。その頃から、本当に勉強が大嫌いだったでしょうか。おそらく、そんなことはなかったはずです。英語のschoolは、古代ギリシャ語でscholeという、暇を表す単語が語源です。暇つぶし、つまり遊びの場所が本来のschoolなのです。

本来、勉強することは楽しいことのはず。

なぜなら人間は、「知らないことを知ること、知識を得ること」に、喜びを感じる生き物だからです。そして勉強を楽しむことができれば、それは最強の勉強法になります。赤ちゃんのようにどんどん知識を吸収していけるでしょう。

そうはいっても、なかなか受験勉強となると、「勉強って楽しい！」とは思えないのが現実。これは僕もそうでした。しかし、受験勉強を少しでも楽しもう！ と工夫することで、「勉強は嫌い」から、「勉強も悪くない」くらいには変えることが可能です。そんな、勉強を楽しむ工夫をこれから紹介します。

漢文にしぼって、模試前二週間くらい勉強する

勉強をしても、成績が上がらない。あまりよい点がとれない。そんな経験を繰り返すと、次第に勉強はつまらなくなっていきます。

勉強して成績が上がるという、「成功体験」をすれば、勉強は楽しくなっていきます。

そのためにも、この本で学んだ方法を使って、効率よく成績を上げてほしいわけですが

……ここでは、成功体験を作りやすい方法をお教えします！

個人的に、漢文は一番成績が上がりやすい分野だと思っています。

実際、僕の生徒のなかにも、二週間漢文を勉強して、模試で50点中46点をとった人がいます（彼女のこれまでの最高点は、21点でした）。また、一カ月漢文を勉強して、駿台で漢文の点数が県で一番になった生徒もいます（彼の場合漢文だけでなく、ほかの勉強もしていました！）。彼らはどうやって、漢文を勉強したのでしょうか。

彼らには、『漢文早覚え速答法』（田中雄二著・学研マーケティング）という参考書を使ってもらいました。まず、この参考書の後半にある「早覚え速答法総集編」の「コレだけ漢文」というものを使います。

これは、入試で問われる漢文の重要表現が、一つの文章にまとめてある著者の田中氏の力作です。これを何度も何度も「音読」し、スラスラと読めるようにします。そして、読みながら現代語訳が頭に浮かぶようにしましょう。

おすすめは、立ち上がって歩きまわりながら、大きな声で音読することです。一日10回、二週間読みつづければ、かなりスラスラ読めるようになります。

私はよくこの方法で勉強していたのですが、下の階にいる家族に「何して遊んでたの？」と聞かれました。歩いている音が響いていたらしく、一人で騒いでいたと思われていたようです（汗）。

最初の数日は、コレだけ漢文の理解と音読に力を注ぎます。

内容は理解でき、あとは音読を繰り返すだけという状態になったら、コレだけ漢文の音読と平行して本編を進めていきましょう。

本編では、漢文の試験に問われるポイントが、「いが読み」という形でわかりやすく説明されています。ここをしっかり読みながら、付属の問題を解いていきましょう。また、本編を進めるのと同時に、重要漢字の意味と読み方をまとめた「コレだけ漢字」の確認もしていきましょう。

二週間早覚え速答法にしぼって勉強すれば、かなりこの一冊を吸収することができます。

受験がすぐにある高校三年生は、漢文ばかりしているわけにはいかないかもしれませんが、高校一年生・二年生はぜひやってみてください。驚くほど漢文の成績が上がり、びっくりすること間違いなしです！

ただ、一つだけ注意があります。古典文法、とくに助動詞が曖昧な人は、先に古典文法を覚えてから、漢文に取りかかりましょう！　漢文は古典文法の知識がないと、理解に時間がかかるのです。なので、『吉野の古典文法スーパー暗記帖　完璧バージョン』（吉野敬介著・学研教育出版）などで、文法をひととおり抑えてから実践してみてください。

小さな成功を積み重ねる

漢文の偏差値急上昇！　というような、わかりやすい成功体験でなくとも、「小さな成功」を積み重ねることでも、勉強はだんだんと楽しくなります。

これは本当に、何でもいいんです。いつもよりちょっと頑張って、単語テストの勉強をしてみる。範囲が狭い単語テストくらいであれば、ちょっと頑張ればよい点がとれます。それも立派な成功です。

学校の単語テストでなく、自分でテストをしてもいいでしょう。今から30分で、範囲の単語10個を完ぺきに覚える。30分経ったらテストをしてみて、満点を目指す。満点がとれれば、これも立派な成功体験です！　これは単語のテストだけでなく、どの科目でも応用が効く方法ですね。

一つ一つは小さな成功でも、それが積み重なれば大きな成功体験になります。大きな成功体験は、それだけで勉強を楽しくして、勉強のやる気につながります。また、成功を積み重ねることで自信もつきます。

第六章の「勉強のメンタルで大事なこと」でもお話ししますが、「やればできる！」と思うことは、勉強にものすごくプラスです！

成果を見える化する

頑張りが目で見える形になると、私たちはやる気が出て物事に取り組めます。勉強でも同じです。勉強で一番「成果」としてわかりやすいのは、「偏差値」です。偏差値が上がれば、当然やる気が出ます。

しかし、なかなか上がらないのが偏差値というもの。これも第六章で説明しますが、偏差値アップを実感するには、ほとんどの科目で、勉強を開始してから三ヵ月は最低かかります。

しかし偏差値以外にも、工夫次第で勉強の成果を目で見える形に、「見える化」することができます。

たとえば、毎日の勉強時間をストップウォッチで記録し、その結果をノートに書いていく「勉強日記」はおすすめです。預金通帳のように、合計勉強時間がどんどん増えていく様子は、勉強のやる気向上にぴったりです。ただ勉強時間を書いていくだけでなく、勉強した内容も科目ごとに書いていけば、復習のときにも便利です。

ほかには、毎日やることリストを紙に、達成したら上から線を引いて消していくという方法もあります。これも成果が見える形になります。

僕自身この方法は勉強だけでなく、さまざまなことに用いています。今では毎朝、その日やるべきことを書き出すのが日課になっています。

ただ、この方法には注意点があります。やることリストを作成するときに、あれもこれもと書きすぎないようにすることです。

勉強開始前はやる気まんまんで、たくさんのことをリストに書いたとしても、いざ勉強をしてみると思ったほど進まない。そんなことはよくあります。そうすると、リストが全然消せていないことが、かえってストレスになってしまうのです。

なので、やることリストは最高で三つまでにしておきましょう。三つとも消せたら、リストにまた三つまで、やることを足していけばいいのです。

勉強してる自分って、カッコイイ！

勉強にかぎらず、何か物事に集中して取り組み、頑張っている様子は、それだけで格好いいものです。そして、自分で自分を格好いいと思えると、それだけでやる気はあふれてきます。

僕はこうして、本を書いたりメールマガジンを発行したりしているわけですが、仕事のやる気がなくなりそうなときは、決まってスターバックスに出かけることにしています。

持っていくのは、MacBook Air——普段は保護のため、結構ごついケースをつけているのですが、このときばかりはそれをはずしてから、向かいます。

そしてスターバックスに着くと、決まってドリップコーヒーを注文し、それを飲みながら仕事をするわけです。

……実は僕、コーヒーは苦くてあまり飲めないんです（笑）。ですので、スターバックスに行くときは基本的に、バニラクリームフラペチーノにチョコソースを追加、ホイップも増やしてもらうというあまあまな注文をします。

ではなぜ、やる気を出したいときはドリップコーヒーを注文するのか。それは、僕のなかに、

「スターバックスで苦めのコーヒーを味わいながら、MacBook Airを使って仕事をすると、それだけで格好いいんではないか」

というイメージがあるからなんです。

つまり、格好つけているんです（笑）。

実際に、それが格好いいかどうかはわかりません。いやむしろ、コーヒーが飲めないのにコーヒーを頼んでいるとまわりのお客さんが知ったら、格好悪いと思います。しかし、実際に格好悪くてもそれでいいのです。自分で自分を、格好いい！　と思えれば！

僕はスターバックスを利用しますが、別にどこでもかまいません。とにかく、格好つけるのです。そして、「勉強してる自分、格好いい‼」と思えればＯＫ。たとえば、次のようなちょっとしたことでもいいのです。

参考書にクールなブックカバーをつける
ちょっと高価なボールペンやシャーペンを使う
勉強のできるキャラクターになりきってみる（僕の場合は、『デスノート』の夜神月を意識していました（笑））

泥臭い努力は、それだけで格好いい

僕が「格好いいなぁ」と思う人に、「夏の高校球児たち」がいます。

やはり勝負の世界ですので、勝った人はすごく格好いい。しかし、彼らの場合は、勝負にかかわらず本当に格好いいと思うのです。それは、彼らが本当に努力して練習してきて、持てる力をすべて振りしぼり試合をしているからだと思います。

甲子園では、勝っても負けても一生懸命、全身全霊をかけてプレーしている彼ら高校球児たちが、本当に格好よく見えます。

これは、何も高校野球にかぎりません。そんなふうに、勉強にも全力でぶつかる姿はそれだけで格好いいものだと思います。

宿題が三日で終わった夏休み

僕は、今ではこうして勉強を教える仕事をしていますが、中学生のときはごく普通の少年でした。

たとえば、夏休みの宿題が終わらず、最後の日に涙目になって徹夜をしたりという、よくある失敗をするような中学生でした。、僕も昔は、全然自分をコントロールできていなかったのです。

しかし、当時の僕でも夏休みの宿題を、ものすごく早めに終わらせることができた年がありました。７月23日から夏休みが始まり、三日後の26日にはすべての宿題が完ぺきに終わっていたのです。

なぜ、このときの僕は、そんなに早く宿題を終わらせることができたのか。それは、友だちとこんな約束をしていたからでした。

「夏休みの宿題、どっちが早く終わるか勝負しようぜ！　負けたほうは、ハーゲンダッツを一箱おごりな‼」

中学生の僕にとって、ハーゲンダッツ一箱というのは、かなり大きな賭けでした。一箱千円近くするだけでなく、それを勝負した相手が美味しそうに食べることになるわけですから、ものすごく燃えたのを覚えています。

結局、僕は26日にすべての宿題が終わり、なんとかこの賭けに勝利することができました。無事ハーゲンダッツをゲットしておいしくいただき、その後の夏休みを思い切り満喫しました。僕との賭けに敗れた友人も、僕から遅れること二日、宿題を完成させました。友人は、

「負けたけど、賭けてよかった。賭けてなかったら、いつもみたいに最後の日にまとめて……ってなってたわ（笑）」

といっていたのを覚えています。

友だちと競い合え！

このように、友だちと競い合うことで、一人では考えられないような力を発揮することができます。

前述のように、それまで最後の最後まで宿題が終わらなかった僕は、友だちと勝負することで、普段の何倍も早く宿題を終わらせることができました。

それから、単純に人と競い合うことは、一人でするよりも勉強を楽しいものにしてくれます。

先ほどは夏休みの宿題を例に、僕の実体験をお話しました。夏休みの宿題の賭けで、僕たちはハーゲンダッツを賭けて戦いましたがここでは、僕がほかにどのようなやり方で、「友だちとの競争」を勉強に活かしていたのかを紹介します。

模試の成績で勝負

模試の成績での勝負は、すごくわかりやすいですね。

もちろん、成績が近い人同士で対決してもいいのですが、そうでなくともこの方法は使うことができます。成績に応じて、ルールを決めればいいのです。

たとえば、成績的に不利な人の点数が、有利な人の点数を一科目でも上まわれば、合計点にかかわらず不利な人の勝利とする。この「一科目」は、はじめから決めておいてもいいですし、「どれでも上まわればＯＫ」というルールにしてもよいでしょう。一つの科目をはじめから決めておく場合、成績的に不利なほうは「相手の不得意科目で勝負する」「自分の得意科目で勝負する」などなど、戦略性もあります。

「そのやり方では、成績がよいほうの人に何の得もないのではないですか？」

以前生徒にそう質問されました。しかし、そんなことはありません。たとえ相手のほうが全体として成績が悪くても、相手が一科目にしぼり、徹底的に勉強してきたら負けてしまうかもしれません。

自分の苦手科目で勝負してくる可能性が高いので、苦手科目も強化しておかなければなりませんね。

そう考えると、たとえ成績的に有利だとしても、負けることによる「罰ゲーム」を回避するためには、一生懸命勉強することになります。そう、成績がよいほうの人にも、メリットはあるのです。

質問をしてきた生徒も、実際に模試の成績での勝負を友人を誘って始めました。ルールは、国数英の三科目のうち、二科目勝ったほうが相手に、その日のお昼を学食でおごってもらえるというものです。

彼は国英は得意なのですが、数学を苦手としていました。しかし、誘った友人は数学が得意で、いつも数学で負けていたそうです。なのであえて、途中からルールを「数学だけで勝負する」というものに変え、数学の勉強に気合いを入れることにしました。

その頃から僕にも、数学の勉強法についての細かい質問が増えたことを覚えています。

その結果、彼は苦手だった数学を克服し、センター試験でも数学は9割を突破しました。

英語や古文の単語テストで勝負

「英単語や古文単語などのテストが、毎回授業の前にある」という人は多いと思います。毎回ある単語テストは、どうしてもモチベーションが下がってしまうもの。

だからといって勉強しないと、再テストなどと面倒くさいことになってしまいます（僕が高校生のとき、英語の授業前にシステム英単語のテストがおこなわれていました。テストは範囲のなかから20題が出題されるもので、単語の意味を答えるものと、日本語を英語に直すものが半分ずつでした。15点以下が再テストだったと記憶しています）。

友だちと競争する勉強法は、単語テストにうってつけです。単語テストの場合も模試の勝負と同様に、まずはルールを決めましょう。範囲の狭い単語テストであれば、その教科の成績にかかわらず対等なルールで勝負するのがよいと思います。

単純な点数の上下で勝敗を決めてもいいですし、「3点差以上開いたらジュース、5点差以上開いたら学食で一品おごり」のようなルールにしてもおもしろいと思います。

何も賭けをせず、純粋な勝負でもいいのですが、やはり何か賭けるものがあったほうが、勝負に熱くなれるのでおすすめです。

僕の場合はアイスやジュース、ご飯だけでなく、「罰ゲーム」を賭けていました。負けたほうが、掃除をかわる、かばんを持つなんてのは軽いほうで、「恥ずかしい系」の罰ゲームがすごく多かったのを記憶しています（僕がやったなかで一番恥ずかしかった罰ゲームは、「好きな女の子の前でウルトラマンになりきる」という罰ゲームでした……）。

一問一答バトル

社会系の科目では、一問一答集を使っての暗記の確認は、有効な勉強法です。しかし、無機質な暗記になりがちな一問一答集は、マンネリ化しやすく、飽きてストップしてしまいがち。そんなときは、一問一答バトルを友だちに持ちかけてみましょう。

ここでもルールは、友だちと話し合って決めます。交互に問題を出していき、先に間違えたほうが負け、先に五問正解したほうが勝ち、などなど。

これもいろいろなルールが考えられますね。一例として、僕が実際に世界史でおこなっていた、一問一答バトルをご紹介します。

①使うのは、『山川　世界史一問一答』（今泉博編・山川出版社）
②実施日は、毎週金曜日の放課後
③毎回10ページ～20ページを範囲として決定（試験の有無等で増減）
④範囲のなかから交互に問題を出していき、三問先に間違えたほうの負け
⑤ある程度やっても、どちらも三問間違えなかった場合は、範囲のなかから直接問われていない知識を、問題として出してもＯＫ（ただし、範囲内に記述がまったくないものは出題してはいけない）
⑥勝ったほうは、帰り道で一品お菓子をおごってもらえる

ちなみにこの勉強法なんですが、お菓子やご飯、罰ゲーム等を賭けるかどうかは別として、私立の中高一貫校などでは日常的におこなわれています（なかには、相手の知らないようなマニアックな知識を、いかに出題できるか？　というふうに、趣旨が変わっていることもしばしばです（笑）。応用として、一問一答集を用いずに、教科書の範囲から自由に問題を作成して出題するというルールもあります。

実はこのやり方は、問題を答えるほうだけではなく、問題を出すほうにもとてもよい勉強になるのです。

なぜなら、「相手はこの問題を知っているか？」「どういうふうな聞き方をすれば、よい問題になるか？」など、普通に教科書を読むよりも無意識に深く読むようになるから。友だちと勝負するというゲーム性も加わり、非常に効果的な勉強法です。自分よりその科目が得意な人に、この「一問一答バトル」を持ちかけてみるのはどうでしょうか。

英英辞典バトル

これは、一問一答バトルと同じようなやり方で対戦ができます。問題を出すほうは「単語の最初のアルファベット」をいったあと、その単語の意味を英語でいいます。

「今回はアルファベットSの単語で」というふうにして、お互いそのアルファベットのなかから問題を出すのもよいでしょう。

また、追加ルールとして「相手が知らない単語は出してはいけない」というルールを加えてもおもしろいです。

もしくは一対一ではなく、一人の出題者に対して複数人の解答者が集まり、「誰も出題した単語を知らない」ということがあれば、出題者の負けというルールもおもしろいですね。

これは、僕の通っていた高校で授業中に時間をとっておこなわれていました。先生が出題者になる場合と、近くの席で何人かのグループに分かれ、対戦する場合もありました。

たいていの場合、「今日はSから始まる単語で」などと範囲の限定があり、そのなかから出題者は問題を出します。

たとえば、「a group of related parts that work together as a whole for a particular purpose」という問題が出れば、答えは「system」ですね。日本語でも「システム」という言葉は使いますし、誰しも知っている単語です。

しかし、こうして英語で説明されるとなかなか難しい問題になりますよね。また、「as

a whole；全体として」など、重要な熟語を学ぶこともできます。

英英辞典を読むことは、英語を英語のまま理解する非常によい練習になります。また、大学によっては、入学試験で「英文が表す単語を選ぶ」という問題を出題する大学もあり、その対策にもなります。

✓数学バトル

数学バトルでは、問題を出しあうのではなく、「同じ問題をどちらが早く解けるか」で競います。これも、問題集等で範囲を決め、そのなかからランダムで一題を選び、解き終わるまでの時間を競えばよいでしょう。

このとき、第三者にも参加してもらい、「どちらがよい答案になっているか」も見てもらえるといいです。

数学は答えがあっているだけではなく、しっかりと自分の考えも表現できなければなりません。また、答えのなかに飛躍があってもだめです。それを客観的にみられる立場に立つのも、よい勉強になります。

このように、「人と競争」「対戦」をすることで、いつも以上のやる気や集中力を出すことができます。自分一人ではさぼってしまう勉強も、友だちと勝負するとなると勉強する気になります！

僕が運営する「粂原学園」では、生徒と先生の対戦もおこなわれています。課題を出し、その小テストの結果が満点であれば、先生の側が罰ゲームをする。もし生徒が最低ラインを下まわった場合、生徒が罰ゲームをする。そうやって、つねに「勉強を楽しむ努力」をおこなっています。

やる気が出る休憩のとり方

誰しも、休憩なしでずーっと勉強しつづけることはできません。ある程度頑張ったら、適度に休憩をとることが、勉強のやる気・集中力を長続きさせるコツです。

しかし、厄介なのがこの「休憩」。一歩間違えると、それは勉強の「休憩」ではなく勉強の「終了」になってしまいます。個人的に一番やってはいけない休憩が、「ベッドでの仮眠」です。

仮眠はたしかに効果的なのですが、仮眠に慣れていないとなかなかすっきり起きることができません。

僕はアラームをかけ、その音で目が覚めるたびに「あと10分……」とセットし直すことを、何度も何度も繰り返してしまうことがよくありました。何度か同じ過ちを繰り返した後、「ベッドで寝たらもう起きられない」と思うようになったんです。それからは、眠くなっても寝ないことにしました。

そして、眠くならないためにどうすればいいのかを、考えるようになったんです。

眠くならない方法は後述するとして、ここではどのような休憩の仕方をすれば、勉強の効率が上がるのかということを考えてみましょう。

まず、多くの人がおこなう休憩の仕方として、スマートフォンがあります。これは、おすすめできません。なぜなら、スマートフォンを利用した休憩には、終わりがないからです。

たとえば、友だちから来ているＬＩＮＥに返信をする。ＬＩＮＥがそこで途切れればそれまでですが、盛り上がってずっと続いてしまうかもしれません。そうしたら、勉強どころではないですよね。

また、スマートフォンで簡単に見ることのできるｙｏｕｔｕｂｅや２ｃｈまとめ。これらも一つ一つには終わりがありますが、ｙｏｕｔｕｂｅも２ｃｈまとめも、「次の動画」「次の記事」をみたくなるようにシステム化されているんです。

たとえばｙｏｕｔｕｂｅは、あなたがこれまでに見た動画の傾向から、あなたが次に観たくなるような動画を「おすすめ」として表示しますし、２ｃｈまとめは今まさにあなたが読んだ記事に関連した記事が下に出てくる仕組みをとっているところが多いです。「この動画をみたら勉強しよう」そう思っていても、あなたが見たくなるように考えぬかれたサムネイル、タイトルの動画が表示されたら、クリックせずにはいられなくなってしまいます。仮に強い意志で、「勉強だ！」とスマートフォンを閉じても、脳は無意識にその動画のことを考えてしまい、勉強にはなかなか集中できません。

次に、漫画や小説、テレビドラマや映画を休憩に使うのはどうでしょうか？　これらも、勉強の休憩としては不向きといわざるをえません。

そもそも途中でそれらをやめて勉強に戻るが至難の業《わざ》ですし、先ほど説明したように、途中でやめても脳が続きを気にしてしまうのです。

それでは、どのような休憩ならば勉強にとってよいのでしょうか？

僕がおすすめするのは、ウォーキングやジョギング、筋トレなど、体を動かす休憩です。

筋肉は脳と密接につながっているため、動かすことで脳が活性化します。加えて、漫画やアニメなどのように「休憩しすぎる」という心配もほとんどなく、一定回数を終えたら勉強に戻るということがしやすいのです。

好きな音楽を聞きながら、家の近くをウォーキングするというのが、イチオシの休憩法です。

✓いくら寝ても勉強していると眠くなるのはなぜ？

「たくさん寝たはずなのに、なぜか眠い」

「勉強していると、つい眠くなってしまう」

そのような悩みは、いつの時代も受験生を悩ませてきたことでしょう。僕のメルマガ読者さんからも、

「一日何時間くらい寝たらよいのでしょうか？」

という質問がよく届きます。実際、一人一人に合った睡眠時間は異なるため、一概に何時間寝ましょうとはいえないのですが、そんなとき決まっておすすめするのが、『あなたの人生を変える睡眠の法則』（菅原洋平著・自由国民社）という本です。

この本は、作業療法士の菅原氏が、やる気と睡眠に焦点を当てて、効率よく睡眠をとるコツを詳しく説明しています。ここでは、そのなかで説明されているやる気が出る睡眠のコツを一つ、ご紹介します。

やる気が出る睡眠のとり方

やる気がでる条件には、次の二つの条件があるそうです。

①脳がしっかりと目覚めていること
②脳の記憶がきちんと整理されていること

これらがしっかりとできていれば、作業に集中できるといわれています。そしてこれを実現してくれるのが睡眠です。「十分な効率のよい睡眠をとることによって」やる気が出やすい体づくりができるのです。

では、どうしたらやる気が出る睡眠をとることができるのでしょうか。菅原氏は著書のなかで、次のことがポイントだと解説しています。

①起床から四時間以内に光を見る
②起床から六時間後に目を閉じる
③起床から十一時間後に姿勢をよくする

①起床から四時間以内に光を見る

まず①から見ていきましょう。

「いや、普通は起きたら光を見るよ！」

という声が聞こえてきそうですね。たしかに、誰しも少なからず光を見ています。というより、光がなければ何も見えませんので、そういう意味では一日中光を見ていることになるのですが、ここではもっと意識的に光を見てほしいのです。

僕が教えている生徒で、どうしても朝が苦手という生徒がいます。彼女は、

「何度か早起きに挑戦してみたんですけど、無理だったので、絶対早起きは無理です！」

と、最初は開き直っていました（笑）。しかし、菅原氏の本をもとに、起きたらすぐにベランダに出て、しばらくの間日光を浴びるというアドバイスをし、どんなに辛くても一週間はそれを実践するようにいいました。

最初はやはり辛かったようですが、あれから半年経った今でも、彼女の早起き習慣は続いています。

光を見ることで、メラトニンという物質の分泌が止まります。すると、脳は「これから一日が始まるんだ！」と思ってくれるのです。

はるか昔、僕たち人間は、「夜太陽が沈んだら眠り、朝太陽が昇ったら起きる」とい

う生活を送っていました。

それもそのはずで、夜の間は真っ暗で電気も何もないので、行動できなかったんですね。真っ暗のなか整備されていない道を歩いたりしたら、それだけで危ないです。そして、朝は太陽が出ると目覚めます。

人類の長い歴史から考えれば、電気が発明されたのなんてすごく最近のこと。光を浴びなくてもさっと起きることができたり、夜ものすごく眩しい光のなかで熟睡したりはなかなかできません。

だから、僕たちは体の仕組みにあった、睡眠のとり方を意識するべきです。当然朝は、光をしっかりと、意識的に浴びるのが重要です！

②起床から六時間後に目を閉じる

次に②について。人間は起きてから八時間後に眠気のピークを迎えるそうです。そのピークを迎える前に、前もって目を閉じるということが大事になってきます。眠くなってからでは遅いのですが、眠くなりそう……というときに、前もって目をしっかりつぶって休ませておく。

そうするだけで、その後の睡魔を予防することができます。これも五分間、しっかりとおこないましょう。

③起床から十一時間後に姿勢をよくする

最後に、③について見ていきましょう。どのように姿勢をよくすればいいのかというと（立っていても座っていてもどちらでもかまいませんが）、背筋をしっかりと伸ばし、肩甲骨を上げないでさげて、おしりに力を入れて肛門をしめてほしいのです。その状態を五分間ほど続けることで、よい眠りにつながります。

また自分ではしっかりと睡眠をとれていると思っていても、実際は睡眠不足で脳や体の働きが悪い、というのはよくある話です。

机の角に足をぶつける、夜中のお菓子が我慢できない、机の上が片づかない、誰かの言葉にカチンとくる、というようなことは、睡眠不足のサインとして知られています。

このようなことが続くようであれば、もしかしたらあなたは睡眠不足かもしれません。睡眠不足を解消すれば、勉強はもっと効率よくできるようになります。

ぜひ今回お話した方法を使って、睡眠の面からもやる気を作っていってください。

勉強は歯磨きと同じ

僕は五歳くらいまで、歯磨きが嫌いでした。歯磨き粉は辛いし、面倒くさいし、手は疲れるし……おそらく、磨かないで夜寝てしまったことも多々あったと思います。

しかし、今では当たり前ですが、歯磨きは習慣として完全に定着しています。朝歯磨きをしなければ目が覚めず、夜歯磨きをしなければ気持ちが悪くて寝られません。この「気持ちが悪い」という感覚が重要です。なんで歯磨きをしなければ、気持ちが悪くて寝られないか。たしかに、歯がざらざらしたり、食べ物が引っかかっていたりしては気持ちよく眠ることはできません。しかし、昔はそれでも普通に眠れていたわけです。

なぜ歯磨きをしないと「気持ちが悪い」という感覚になるのか。それは、歯磨きが習慣になっていて、「するのが普通」になっているからなのです。実は勉強も歯磨きと同じで、続けていけば習慣になります。しないと気持ちが悪いと思うようになるのです。

脳は疲れ知らず

まず、多くの人が持っている「誤解」を解いておこうと思います。あなたが勉強しているとき、

「頭を使ったから、疲れた。頭を休ませないと」

というふうに思ったことはありませんか？

たしかに、勉強を長い時間していると、頭がパンパンというか、もう考えられない！というふうな状態になることがありますよね。

しかし、このとき実は、脳は全然疲れていません。二章でもお名前を出させてもらった、東京大学教授の池谷氏は、著書『海馬 脳は疲れない』のなかで次のように述べています。

「脳がとまってしまったら、体肢も五臓六腑もぜんぶ動きがストップします。寝ているあいだも脳波は動きつづけて、夢をつくったり体温を調節したりしています。一生使い

つづけても、疲れないですね」

池谷氏曰く、疲れるとしたら脳ではなく、体、とくに目が疲れるそうなのです。だから、「脳が疲れた！」と思い、今やっている勉強を中断するのは、効率が悪いそうです。脳が疲れたから進みが悪いと思い、数学の問題を中断し、休憩して戻ってきても、すぐまた飽きてしまったり、集中が切れてしまったりしますよね。

もし脳が疲れているのが進みが悪かった原因だとしたら、休憩したら進みがよくなるはずなのです。それでも進みが悪いということは、原因はほかにあります。

こう考えると、疲れたと思ったときに作業を中断して、漫画を読んだりテレビを見たりするのは非効率的であることがわかります。

目が疲れているのだとしたら、その休憩はかえって悪影響を及ぼしかねないからです。漫画やテレビも当然、目に負担をかけてしまいますからね。これも、前のページの休憩の仕方のところで、漫画やテレビをおすすめしなかった理由のひとつです。

池谷氏は、パソコンの前にいすぎて疲れたなぁと思うときは、席を立って歩きまわりながら、同じことを考えつづけるそうです。脳が疲れていないのであれば、今考えている、勉強していることを続けて考えたほうが効率がいいはずです。

目が疲れているとき以外に、「脳が疲れた！」と感じるのは、僕の経験上「疲れ」ではなく「飽き」だと思います。同じ科目の勉強を続けると、脳が同じことに飽きてしまい、疲れたと錯覚してしまうのです。

それでは、「脳が疲れた」と錯覚してしまったときに、どのようにして集中力を持続させればよいでしょうか？ 次のページからは、その具体的な方法をお伝えしていきます。

えんぴつ集中法

これは、「僕が考えました！」という感じにしてしまいましたが、実はそうではないんです（笑）。もともとは「アイコントロール法」というもので、れっきとした科学的な方法です。

たとえば、アスリートは、競技中、観客の話し声やカメラのフラッシュなどの競技の妨害となる外的要因が多くあります。そこで、余計な外的要因に影響されない方法として、「アイコントロール法」をおこなっているのです。

テニス選手がプレー中に自分のラケットに目を落とし、ガットのずれを直す仕草など、視線を意識的に一点に注視することで、高いレベルでの集中を持続することができます。

勉強のときには「えんぴつの先を見て始める」と決めて取りかかると、高い効果が期待できます。

僕は現在も、「競技かるた」というものをやっています。最近は『ちはやふる』の影響で、結構多くの人にもその存在が認知されてきましたね。

競技かるたは、体力、精神力、集中力、暗記力などさまざまな力を必要とする競技です。

そのなかでも、僕がもっとも重要だと思うのは集中力。

僕は競技かるたの試合が始まる前、必ずこの「えんぴつ集中法」をおこなっています。

そのため、競技開始前には札の角を見つめて、集中力をマックスに上げてから、試合に臨むようにしています。

周囲の環境に作用されやすい人や、手軽に集中力を高めたいときには、この「えんぴつ集中法」をしてみると、きっと効果が得られると思います。

ストレッチのすごい威力

「ストレッチマン」というヒーロー（?）を知ってますか？ 簡単にいうと「ストレッチをすることで体にパワーを溜め、そのパワーで敵を倒す黄色い全身タイツのおじさん」です。気になる人は調べてみてください（笑）。僕の世代でストレッチマンを知らない人はほとんどいないと思います。このストレッチマン、なかなかどうして侮れません。

突然ですが、

あなたの体は柔らかいですか？ それとも硬いですか？

人それぞれだと思いますが、体の柔軟性と、勉強するのに絶対欠かせない集中力。この二つには切っても切れない関係があります。

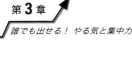

ある人が、こんな実験をしました。

体の硬い子と柔らかい子を同じ数だけ集め、まったく同じ環境で座らせて勉強させせたのです。

すると、体の硬い子はしばらくすると席を立ってフラフラしはじるなど、集中が途切れてしまっている様子でした。

しかし、体が柔らかいほうのグループでは、そのような「集中力が切れた状態」になるまでの時間が、硬いグループよりもはるかに長かったのです。つまり、体が柔らかい人のほうが、集中力が長く続くということです。

この結果にはもちろん理由があります。

体が柔らかいほど血液の流れがスムーズになり、全身に血液が行きわたるようになります。血液は酸素だけでなく、糖分など脳が必要としている栄養も一緒に運んでいるので、血のめぐりが悪いと脳がうまく働かず、その結果集中力は失われていきます。

このことから、ストレッチは手軽に体の柔軟性を高め、集中力を向上させることのできるよい手段であるといえます。

お風呂上がりにする何気ないストレッチが、あなたの集中力を大きく高めてくれるのです（お風呂あがりにするストレッチは、体を柔らかくするのにとても効果的です！）。

水を飲むことで集中力が増す

科学誌『Frontiers in Human Neuroscience』に掲載された研究によると、知的作業に集中する前に水を飲んだ人は、水を飲まなかった人に比べて14パーセント、反応時間が速くなるそうです。

本誌によると、ほんの少しでも水分が不足すると、人間の知的パフォーマンスに悪影響が出るということ。僕たち人間の脳の80パーセントは水でできているので、冷静に考えてみると、それは当然のことかもしれません。

脳の血流が悪くなれば、当然集中力は低下します。そのため、こまめに水分補給をしておくと、集中力は切れにくくなります。

長い時間自分の部屋に閉じこもっていると、水分不足になりがちです。「水は脳にとってとても大切！」ということは、しっかり意識しておくとよいでしょう。

短時間でOK！ インタージュール学習法

インタージュール学習法は『一日5分　頭がよくなる習慣』という、佐藤伝さんの本を参考にさせていただきました。前述している「10分間勉強法」に近い勉強法です。この勉強法は、長時間集中が持たない人に有効だと思います。

インタージュール学習法では、「15分＋5分」を何回やるか、という考え方をします。二時間勉強しよう！　と思ってもなかなかやる気がでない人は、「15分間だけ、めちゃくちゃ集中しよう！」と考えましょう。そして、15分の後の5分の勉強で、今やったところを復習するんです。

「15分＋5分」で1セット。1セット終わったら、次の科目に切り替えます。「二時間」という大きなくくりで見るより、「15分＋5分を6回」という小さなくくりにすることで、「できそう！」という気持ちになりませんか？

短期間で一気に集中し、しかも復習までしてしまおう、という欲張りな勉強法です(笑)。

かくいう僕も、大学生時代の期末試験では、この勉強法を実践しました。暗記系が多かったので、とても効果がでました。

「気は持ちよう」といいますが、長時間勉強に取り組めないという人は、まず、暗記科目でのインタージュール学習法を実践してみましょう。

冷水で手を洗うことのスゴイ効果

勉強に励む人、とくに受験生にとっての難敵、それはやはり睡魔でしょうか。集中力が落ちるだけでなく、もし寝てしまったら……。考えるだけでも気が滅入りますね。やる気の出る、効率的な睡眠のためのコツをご紹介しましたが、それでも眠くなってしまうことはあると思います。

そんな手強い敵に、簡単かつ効果的な対策がありますので、ご紹介しましょう。それは「手を水で洗う」です。

「え、冷たい水で手を洗ったり、顔を洗うなんて、当たり前じゃない？」

「効果的なコツって、そんなこと？」

という声が聞こえて来そうですが、少し考えてみてください。皆さんが日々眠くなったとき、意識的にそれをしているでしょうか。そんな簡単なこと、一時的なもので大した効果はない。そう考えてはいないでしょうか。

眠くなったら、冷たい水で手を洗う。顔を洗う。昔ながらの知恵という感じですが、それにはれっきとした根拠と効果があります。

手には、脳に直接つながっている神経がビッシリ張りめぐらされています。この神経たちを冷水で刺激してあげることで、睡魔にやられはじた脳を起こすことができるのです。

「手を水で洗う」。改めて聞いても簡単なんですが、ポイントが二つあります。

①水。それも冷たい水で洗うこと
②なぜ集中力を取り戻せるか、そのメカニズムを考えながら洗うこと

この二つです。①については、より冷たい水のほうが脳に大きな刺激を与えられるから、ですね。

②について。メカニズム、つまり「手を冷たい水で洗う↓神経を刺激する↓脳に刺激が伝わる↓活性化！」という一連の流れを考えながら手を洗ってほしいのです。これは「プラシーボ効果」といって、「偽物の薬を本物と信じて服用すると、実際に病気が治ってしまう」という現象を引き起こすためです。

「手を水で洗えば集中力が戻ってくる！」冷水で手を洗えば脳を刺激できるのは紛れもない真実ですが、こう信じることによってさらに効果が期待できる！ということです。

また、本番直前の寒くなる季節にはあまりオススメできないんですが、強化版として「冷水でシャワーを浴びる」というものがあります。手だけでなく全身の神経を一度に刺激してやろうというものですね。

一応この冷水シャワー、「温冷浴」といって冷水と温水を交互に浴びる健康法があるように、健康にもよい効果を与えてくれたりします。

「どうしても眠い、何をしても眠い！」というときは冷水シャワーを使ってみてください。

もちろんですが、風邪には気をつけてくださいね！ 時間を無駄にしないための方法なのに、寝込んでしまっては意味がありません。冬場はしっかり湯船に浸かるなど、体調をコントロールしてください。

ご紹介した「眠くなったら、冷水で手を洗う」という方法。

一見すると当たり前で、本に書くほどでもないと最初は思いました。しかし、この方法をメールマガジンで紹介したところ、かなり多くの方から、

「眠気が冷めて、その後二時間勉強に集中できました！」

「こんな簡単なことで、びっくりです！」

などと、うれしい感想をいただきました。もしかすると、今の時代手を洗うといっても、とくに冬場は温水を使う家庭がほとんどなのでしょう。意識しないと実践できない方法だったのだと思います。それこそ冬場にはちょっと辛いかもしれませんが、ぜひこの効果を体験してみてくださいね！

第3章まとめ

勉強の「やる気」と「集中力」のコントロールにはコツがある！

1 「やる気が出る→勉強する」ではない

✧「勉強する→やる気がでる」なんだ！

✧一秒だけでも「まずは始めてみる」のが大切で、一秒できれば、少しずつ時間を伸ばしてみよう。

✧四分続けば大成功！（まずは簡単な勉強から始めてみよう）

2 「セルフ・ハンディキャッピング」をしてしまう人は、その癖を意識すること

✧憧れの人を思い浮かべて、その人になったつもりで行動してみよう！

3 「欲望ノート」を作ろう！

作り方

①新しいノートを用意する
②第一志望の大学や、目標とする試験に合格した後やりたいことをどんどん書いていく
③やる気が出ないとき、やる気がなくなりそうなときに見返す
④つい漫画を読みたくなってしまったときは、それをノートに書き込む
⑤自分なりに、どんどんノートをアレンジしていく

✧合格する瞬間を繰り返しイメージして、脳をその気にさせよう！

4 「勉強なんて嫌い！」は思いこみ

✧「受験勉強を少しでも楽しもう！」と工夫して、「勉強も悪くない」に変えていこう。

5 勉強を楽しむためのコツ

①成功体験を作る。まずは、漢文をやってみるのがオススメ
②成果を見える形にする
③「勉強してる自分格好いい！」と思う
④友だちと競い合う

✧どちらが早く宿題が先に終わるか勝負・模試の成績を勝負・一問一答バトル・英英辞典バトル・数学バトル

6 やる気が出る休憩のとり方や睡眠の仕方でやる気をUPさせよう！

7 勉強しないと気持ち悪い！という気持ちになろう！

✧脳は疲れ知らず。疲れているのは目。なので、休憩に漫画やテレビは非効率。

✧「脳が疲れた」のではなく、集中力が切れて、「飽きた」状態になっている。

8 集中力を持続させるコツ

①えんぴつ集中法
②ストレッチする
③水を飲む
④インタージュール学習法
⑤眠くなったら手を洗う

大学受験コラム

京大トップ合格者は、数学が大の苦手でした

「難しい大学に行くために、難しい問題を解く必要はない」

これを聞くと、そんなわけないと思う人が多いと思います。東大や京大を中心とした、難関大学合格と呼ばれる大学に合格するためには、ものすごく難しい問題を解かなければならない。そう考える人はほとんどです。

実際僕も、

「難しい問題を時間をかけて解こうとしても、結局解けなかった」

なんてことがよくありました。難しい問題というのは、いろいろな分野の問題が混ざっているんですよね。時間をかけて解こうとしても、一つの分野がわかっていないだけでまったく解けなくなってしまうこともあります。

そこに気づいた僕は、「簡単な問題」を「大量に繰り返し」解くことにしました。もちろん、この本の二章で書いたように、徹底的に復習をしつつ、です。簡単な問題が完ぺきに解けるようになった途端、驚くべきことが起こりました。なかなか伸びなかった偏差値70を超えたのです。これまでの自分の認識、「難しい問題を解か

なければならない」という認識が、バラバラと崩れていくのを感じましたね。

他の科目でもそうですが、積み重ね部分が多い数学においてもっとも大切なのは、「基礎問題を瞬時にできるようにする」ということです。

基礎的な問題集といわれている『チャート式基礎からの数学』（チャート研究所数研出版）、俗にいう「青チャート」ですら、僕にとっては解けない問題のオンパレードだったんです（実際、基礎からのと書いてありますが、かなり量も多いですし難しい問題も含まれています）。

青チャートよりももっと簡単な問題集を完ぺきに解けるようにすること。かけ算九九のように、瞬時に解けるようにすることが、数学の成績を上げるポイントかなと思います。

あ、もちろん！　レベルさえ合っていれば青チャートは素晴らしい参考書ですので、数学が得意な人はバリバリこなしていけばいいと思います！

第4章

頭がよい人の「勉強のコツ」

「勉強は机に座って」は嘘である

突然ですが、質問です。頭のなかで、「自分の勉強している姿」をイメージしたとき、どんな様子が浮かびますか？

このような質問をすると、おそらくあなたは「机に座っている自分」をイメージしたのではないでしょうか？

多くの人は、「勉強＝机に座ってするもの」という強いイメージが頭のなかにあります。そのため、このような質問をすると、自然と「机に座っている様子」をイメージしてしまうんです。

しかし、僕がイメージする勉強は、そうではありません。机に座っている様子ももちろん浮かびますが、それよりもむしろお風呂で何かを読んでいたり、歩きながらイヤフォンでCDを聞いていたり、ホワイトボードの前で何かを書いている様子が浮かびます。ほかにも、大きな声で何かを読みながら、部屋をぐるぐる回っている様子なども浮かんできます（笑）。

このように、僕は「勉強＝机の上」という意識を持っていませんでした。勉強をそんなふうに考えてしまうと、何かすごく堅苦しくてつまらないもののような気がして、いやだったのです。実際僕は、机の上でももちろん勉強はしましたが、それ以上にお風呂や移動中、ソファー、トイレ、道、公園などなど……さまざまな場所で勉強しています。

お風呂は、最高の勉強スペース

お風呂は、個人的にすごくおすすめの勉強スペースです。湯船のなかは非常にリラックスできるので、非常によく頭に入ってきます。

また、体や髪の毛を洗っているとき、シャワーを浴びているときも、耳から英単語や英文、古文単語等を聞けば立派な勉強時間になります。

「湯船のなかで勉強したら、本や機器が濡れちゃう！」

そんな声が聞こえてきそうですね（笑）。毎回お風呂に入るたびに、普通にそれらを持ち込んでいたら、参考書など何冊あってもたりません。

なので僕の場合は、覚えたい参考書のコピーをクリアファイルに入れ、濡れないようにして読んでいました。

また、『風呂で覚えるシリーズ』という、濡れても大丈夫な紙を使った参考書もありますので、それを使っていたこともあります。

僕の家では昔から、お風呂には何かしら覚えるものが貼ってありました。都道府県名からはじまり、県庁所在地、世界地図などなど……小さいころからお風呂は、僕にとっての勉強部屋だったのです。しかし、「お風呂で勉強しなきゃ……いやだな……」と思ったことは、一度もありません。

むしろ、お風呂でそれらを覚えることを楽しんでいた記憶があります。それを貼ってくれた両親は、僕にそれらを無理に覚えさせようとするのではなく、一緒にそれを見ていろいろな話を聞かせてくれていたのを記憶しています。

たとえば都道府県名を覚えるときは、その土地の様子や名産品、旅行で行ったときの体験談なども交えて話してくれたので、勉強という気持ちはまったくありませんでした。「勉強しなきゃ！」という気持ちはまったくなく、自然と覚えるのを楽しんでいたのです。

そんな感じで、お風呂で学ぶのが普通のことだった僕は、中学生・高校生になってもそのような「風呂学」は続けていきました。

お風呂での勉強は、湯船に浸かっているときだけではありません。シャワーを浴びているときも、体や髪の毛、顔を洗っているときでも、音声を聞くという方法によって勉強ができます。僕は、英単語や英語のリスニング教材、古文単語のCDをよく聞いていました（お風呂用のスピーカーは、数千円程度で買うことができます！）。

このような話をすると、「お風呂の時間くらいは、勉強のことを忘れてリラックスしたい……」という声をよく聞きます。もちろん、お風呂はリラックスタイムと割り切るのもよいでしょう。

しかし、僕の場合は、お風呂での時間を有効活用することで、お風呂から出た後、机に向かってする勉強の時間をリラックスタイムに回していました。

お風呂で勉強するメリットは、実は結構あります。お湯に使ったりシャワーを浴びたりすることで、脳と密接につながっている皮膚が刺激され、脳が活性化するのは、大きなメリットでしょう。

また、基本的に毎日入るものなので、勉強を習慣にしやすいということもあります。

あなたも今日から、ぜひ「風呂学」を始めてみてはいかがでしょうか？

家のトイレ

家のトイレも、お風呂と同様に勉強に使うことができます。お風呂の壁に暗記したいものを貼りつけておけば、トイレがいつも暗記タイムになりますね。トイレに行かない人はいないので、トイレで必ずその紙を見る癖をつければ、かなりの回数暗記を重ねることができます。

家じゅうのドア、玄関

高校時代、僕の家にはいたるところに勉強道具が仕込んでありました。階段の壁にも貼ってありましたし、そこらじゅうの扉やドアにもさまざまなものが貼ってありました。

たとえば自分の部屋から廊下へつながる扉には、四文字熟語とその意味が書かれた紙を貼っていました。そこを通るたびに、それは勝手に目に入るので、自動的に覚えてしまいます。

一枚一枚をホチキスでとめておき、覚えたら一枚だけ剥がすようにしていました。

玄関には、現代文の重要単語を貼っていたのを覚えています。

A4の紙一枚に、大きく単語とその意味を書いていたので、ぱっと見ただけで頭に入ってきたのがよかったと思っています。

駅から学校までは歩いて、耳から勉強

駅から学校までは、自転車でおよそ10分程度の道のりでした。そのくらいでしたら、歩いて行ったとしても30分程度で着くことができます。駅と学校の往復はなるべく歩くようにし、歩きながら英単語や自分で吹き込んだ音声を聞いていました。

学校と家との行き帰りや、そのほかどこかに出かけたときの移動中は、必ずといっていいほど勉強していました。

電車での移動が結構多かったのですが、あまり長い時間電車に乗ることは少なく、少しの時間で乗り換えをすることが多かったように思います。それもあって、移動中は基本的に、単純な暗記ものを覚える時間にしていました。

よく英語の参考書とか単語帳で、CD付き（または別売り）のやつがあるんですが、思った以上に活用していない人が多いです。これは絶対に損です。CDの音源をｉＰｏｄやｉＰｈｏｎｅなどに入れて持ち歩けば、ほんとにどこでも勉強できます。

それに、やる気が出ないときでも、つけておけば勝手に耳に入ってきますよね？　それでいいんです。もちろん、覚えようと思って聴くときより効率は下がります。でも、何もしないよりは全然ましです。

なぜ、ここまで徹底して勉強時間を作ったのか？

ここまで、僕がいかにストイックにスキマ時間を利用してきたかを書いてきました。

「私には、そこまでできない！」

「お風呂に入ったり、トイレに行く時間くらいは勉強を忘れたい」

そう思う気持ちは、すごくわかります。しかし、少し立ち止まって考えてみてください。

毎日30分、お風呂の時間を勉強に使ったら、一年間でどれだけの時間勉強することができるでしょうか？　単純計算で、１８０時間以上の時間が、お風呂での勉強時間となります。

お風呂の時間が楽しくて仕方がなかったり、自分にとって必要不可欠な癒やしの時間であれば、むしろ勉強するべきではないのかもしれません。これは、ほかの時間にしても同様です。

しかし、もしあなたが「一分も無駄にできない！」というくらい、勉強をしなければならない状況だとしたら。大逆転合格を目指しているのであれば、これらの時間を使わない手はありません。

学校の使い方について

あなたが受験勉強をするうえで、一度は考えておかなければならない問題があります。それは、学校の使い方です。

学校としては、もちろんあなたに合格してほしいでしょう。ですが、ここで心に留めておいてほしいことがあります。それは、「学校の先生は、けっして受験の専門家ではない」ということです。

学校の先生は、その科目にとってのエキスパートであって、受験を総合的に見たときには、プロとはいえない人もたくさんいます（もちろん、なかには受験に詳しい先生はいます。しかし、各科目のエキスパートですらない、大学で教職課程をとっただけの先生がいるのも事実です）。

数学で、問題集の詳しい解答を配らない先生がいます。数学は、問題を解き、わからなければ解説をしっかり読むことが大事なのに、それをさせない。理由は宿題で出したときに、丸写しを避けるため、のようですが。それは先生の勝手な都合です。ちゃんと勉強しようという生徒が困るだけの行動です。

もちろん、受験勉強をするうえでの仲間の存在や、わからないところを教えてくれる先生がいることは、受験生にとってプラスでしょう。ですが、受験生の「マイナス」になることもあるという事実は、しっかり意識しておくべきです。

こんな教師は、教師をやめろ！

学校の授業のなかで、受験に関係のない科目があると思います。当然のことですが、自分が受験に使わない科目の問題は、本番では出ないのです。

赤点をとらない程度に直前に勉強して、授業中は自分の勉強に当てましょう。

もし赤点をとってしまっても、それですぐ留年なんてことはありません。

校則違反などのない生徒であればなおさらです（実際僕は、何度か赤点をとったことがあります。音楽のテストで学年最下位の8点をとったこともありました。アメリカから来た音楽の先生なのですが、「これは……ひどいよ!?」と日本語でつっこまれたこともあります（笑）。その先生とは、個人的にすごく仲よしですが、それはそれ。受験とは別問題です！）。

そして、何度も何度も同じ文章を読ませたあげく、筆者の主張に対して「俺はこうは思わないけどなー」などと、個人の感想「だけ」を述べ、論理的読解をさまたげるような現代文の授業も、個人的にはすごく無駄だと思います。実際、高校生のころ、僕の現代文の先生がそうでした。

そういう授業中は、英語の単語や文法、古文の単語や文法、社会系科目の単語の暗記など、単純な勉強が向いています。

数学や現代文などは逆に、考えなければいけない分、内職向きではありません。なぜなら、そういう授業と関係のない勉強は、どうしてもこっそりやらなければならないからです。僕は先生に怒られるのを承知で、堂々とやっていましたが、なかなかハードルが高いことだと思います。

ここはものすごく強調しておきたいんですが、聞いていて楽しい授業は、たとえ受験に関係がなくても聞いていいんです。

というより、むしろ積極的に聞くべきだと思います。頭のリフレッシュにもなるし、ストレス発散にもなります。

僕は体育の授業が大好きで、思い切り楽しんでいました。また、自分で完ぺきに勉強したため、聞く必要がなくなった倫理の授業も、先生がすごく面白くて素敵な先生だったのでしっかり聞いていました。

あくまでも僕個人の意見ですが、自分のする授業を聞く人のなかに、一人でもその教科が受験に必要のない人がいれば、その人を含めて、「楽しませるような」授業をするべきだと思います。それができないのであれば、「この時間は自分の好きな勉強をしていいよ！　寝てたりさぼったりはだめだぞ！（笑）」というようなことを、その一人に伝えるべきです。

定期テスト攻略法

定期テストで点をとるのは、大学受験などの範囲の膨大な試験で点数をとるよりかなり簡単です。

まず、定期テストは学校で習ったこと以外は問われません。

それから、基本的には教科書と授業ノート、学校で使う問題集等があれば対策が可能でしょう。

僕自身は高校時代、定期テストにはあまり重きをおいていなかったのですが、推薦入試等で大学を目指す人には、定期テストで点をとることは十分意味のあることです。ここでは、僕なりに定期テストの対策法を考えてみました。

①普段の授業後に、必ず復習をする

授業後の数分を使って、今習った範囲をざっと見直します。ここで一度目の復習をしておくかどうかで、テスト前の負担は大きく変わるでしょう。第二章でもお話したとおり、勉強した直後が一番、物事を忘れやすいのです。授業が終わった後の数分は、復習のゴールデンタイム！　少しでよいので、復習をしましょう。授業で習った瞬間が、一番覚えるのに適した時期です。逃さないようにしましょう！

②教科書ガイドを利用

学校のテストは、教科書を利用したものが多いです。教科書ガイドは、たとえば古文

のガイドであれば、教科書本文の品詞分解等がすべて載っているため、使用にいやな顔をする先生もいます。ですが、僕は断然使ったほうがいい、そう考えています。なぜなら、そのほうが圧倒的に効率がいいからです。しかも、教科書ガイドで勉強することは、受験勉強にもプラス。品詞分解されている古文を音読したり、詳しく意味の書いてある漢文を読んだりと、国語はとくに教科書ガイドで勉強する回数が多かったと記憶しています。

③アウトプットの練習をする

本書でも強調してきましたが、「インプット」つまり「覚えるだけ」ではなかなか点につながりません。おおまかに覚えたら、次はアウトプットの練習に行きましょう。実際に問題集を解いて答え合わせをし、間違えた問題はまたやりなおしましょう。そういう基本的な勉強姿勢を貫いていけば、ごく一部の定期テスト以外は十二分に対応できます。

④先生が強調した点をとくに確認

定期テストを作るのは、当然自分の学校の先生です。そして、先生ごとに試験問題の癖があります。それをもとに、いかに効率的に点をとるかを考えましょう。先生が授業強調していた点は、しっかり確認するべきです。

それから、テスト前には思い切って、

「先生、ちょっと今回は○○でよい点をとりたいんですが、おすすめの勉強法ってありますか?」

と聞いてみるとよいでしょう。○○には、その先生の教科が入ります。

「先生、今度のテストの問題を教えてください!」

という聞き方では、当然怒られてしまいますよね(笑)。ですが、先ほどのような質問をすれば、先生によってはかなり役に立つ情報、対策の仕方を教えてくれるでしょう。先生も人間です。自分の科目を頑張りたいという生徒がいたら、よい点をとってほしいと思うものです。

頭のよい人は、目標の立て方がうまい

突然ですが……あなたには、目標がありますか？　たとえば、東京大学に合格したい。京都大学に入りたい。慶応大学、早稲田大学、医学部に受かりたい……などなど。

目標を立てるというと、このような目標を掲げてくれる人が多いのですが、実際にこれは目標というよりも願望にちかいです。もちろん、誰しも強い願望を持っていますし、それを達成するために個々の「目標」が存在しています。

それでは、こんな目標はどうでしょう？

- 英単語を完ぺきにする
- 現代文の力をつける
- 偏差値を5上げる
- 数学を得意にする

少し目標っぽくなりました。

しかし、これらの目標は、達成するのは相当難しいです。なぜだかわかりますか？

それは、「達成できる目標が正しく立てられていない」から。正しく立てられれば、目標は大きな力を発揮します。ですが、上記のような正しくない目標を立ててしまうと、プラスになるどころかかえってマイナスになってしまう恐れもあるんです。

それでは、「正しい目標」とはどういったものなのか。どうすれば、効果的な目標を立てられるのか。あなたの目標が正しい目標になっているのかどうか、チェックリストを作りましたので、自分の目標と照らしあわせてみてください！

□ ①その目標には、期限（いつまでに達成するのか）が入っていますか？
□ ②その目標には、具体的な数字が入っていますか？
□ ③達成できたかどうかが、明確にわかりますか？
□ ④その目標を達成したい！ という、挑戦欲、「ワクワク感」がありますか？
（あなたが本当に達成したい、「願望」に、明確につながっていますか？）
□ ⑤その目標は、現実的ですか？

□⑥その目標を達成するために、何をすればいいかがはっきりしていますか？

以上、六つです。たとえば、上に書いた「達成しにくい目標」を一つ、正しい目標に変えてみましょう。

例

英単語を完ぺきにする

システム英単語の1～500までのうち95パーセント以上（475個以上）を、英語を見た瞬間に日本語が浮かぶようにする。期限は4月30日の夜23時まで。確認は、30日に1～500語の英↓日のテストをすることでおこなう。達成するために、毎日の登下校中には必ずシス単のCDを聴きながら勉強する。

どうでしょうか。「英単語を完ぺきにする」だけでは、何をどうしたらいいのか、完ぺきとはどういうことなのかが全然わかりません。このように、少し長ったらしくてもとことん具体的にするのが、達成しやすい目標なんです！　この機会に、皆さんもチェックリストを見ながら目標を再確認してみてくださいね。

CDを徹底活用する

よく英語の参考書や単語帳で、CD付き（または別売り）のものがあるんですが、思った以上に活用していない人が多いです。これは絶対に損！

CDの音源をiPodやiPhoneなどに入れて持ち歩けば、ほんとにどこでも勉強できます。それに、やる気が出ないときでも、つけておけば勝手に耳に入ってきますよね？それでいいんです。

もちろん、覚えようと思って聴くときより効率は下がります。でも、何もしないよりは全然ましです。

僕の場合、そうやって何度も聞いた音源は、パソコンの無料ソフト「Lilith」を使って倍速にして聞いていました。そうすると、それまでの半分の時間で勉強を進めていくことができます。

また、倍速で聞く「速聴」という行為は、脳にとってもよい効果があります。速聴を繰り返していると、脳が速いスピードでの学習になれていくので、普段文章を読むスピードや、考えるスピードも上がっていくのです。

中学時代からこの速聴を実践していた僕は、高校三年生のときには通常の四倍のスピードで、音声を聞けるようになっていました。

すぐに四倍で聞くというのは、とてもハードルが高いと思いますので、まずは二倍からやってみるといいでしょう。二倍も難しいと思ったら、1・5倍から始めてみてもいいと思います。

最初はスピードについていけず、理解できないと思うかもしれませんが、脳はどんどんそのスピードに慣れていってくれます！

歩きまわりながら音読する

音読の重要性は、第二章でもお話ししました。インプットとアウトプットを同時におこない、記憶力等もアップする画期的な方法、それが音読ということでしたね。

今回は、その応用バージョンを紹介します。応用、といっても、簡単でさらに効果のあがる方法です。

「立ち上がって歩きまわりながら音読をする！」

これだけです。歩くことは、体の筋肉を動かすことになります。筋肉を動かすことで脳は活性化し、やる気物質のドーパミンが分泌されるため、たとえば勉強開始時などにうってつけなのです。もちろん、

「なんか今日は眠いな……」

「やる気が起きないなー」

というときには、あれこれ考えずにさっと立ち上がり、大きな声で音読をしながら、部屋じゅうをぐるぐる歩きまわりましょう。

歩きまわりながら眠ることは相当難しいですし、音読しているので、途中で勉強を中断しにくくなります。しばらくこのやり方で勉強を続けていると、不思議と眠気もさめ、やる気も戻ってくるでしょう。これを応用したのが、次の「ホワイトボード勉強法」です。

ホワイトボード勉強法

ホワイトボード勉強法とは、自分が教える立場になって勉強する、つまり、立って声を出しながら、ホワイトボードに書いて勉強することです。

どうしてこのような方法が効果的なのか。立ってホワイトボードに書きながら勉強するのと、座ってノートに書きながら勉強するのとでは、何がどう違うのか。説明します。

まず、「立っている」、ということが大事です。立って動くことで、座って勉強しているときよりも筋肉を使います。筋肉を使いながら勉強することで脳が活性化され、より勉強している内容が頭に入ってくるのです。

次に大事なことは、声を出す、ということです。座って黙って勉強しているときは、「書く」「見る」ことによって勉強しています。

しかし、そこから声を出すことによって、「読む」「聞く」こともできるので、より多くの五感を使いながら勉強ができます。一度にたくさんの部分を働かせたほうが、記憶は定着しやすいんです。

たとえば、自分が知らない料理の名前を覚えようとするとき、ただその料理の名前をメニューで見るだけではなく、実際に注文して実物を見て、さらにそれを食べて味わい、その味の感想について皆で語り合ったらどうでしょう？

メニューで見ただけより、はるかに覚えられやすいと思いませんか？

これは、一度にさまざまな感覚を使っているからです。目で見るだけではなく声に出してそのメニューを注文する、手を動かしてそれを食べる、舌で味わう、感想を述べ合う……五感をフル活用していますよね。

ここで、学校の先生がどうしてあれほど知識量が多いのかを考えてみましょう。ここまでの説明で気づいた方もいるでしょうが、彼らはほぼ毎日、何年間もこの「ホワイトボード勉強法」をやってきているのです。だから、先生たちは頭がよい。

教員採用試験に合格し、先生になった一年目の人は、それほど知識が豊富なわけではありません。大学で、中高で教える勉強をずっと学んでいたわけではないですし、自らの大学受験からもすごく日数が経過しています。当然、覚えたことも忘れてしまっているでしょう。その状態から、膨大な知識を頭にいれることができるのは、この「ホワイトボード勉強法」を継続的におこなっているからだと思います。

ホワイトボードは何も学校にあるような大きなものでなくても、小さいものでももちろん大丈夫です。

最近ではフィルムのようなものもあり、お手頃な値段でも購入できるので、興味がある人はぜひやってみてくださいね（ここでは、「黒板」ではなく「ホワイトボード」という表現を使いましたが、もちろん黒板でも同じことがいえます！　ただ、自宅に黒板を用意するのは難しいので、ホワイトボード勉強法という名前にしました！）。

自分の声を録音して聴く

自分で音読したものを、録音して聴く方法です。この方法、僕は本当によく使いました。そして、現在でもこの方法を使って勉強しています。

この方法のよい所は、録音するときとそれを聴くときで二重に暗記ができるところにあります。はっきり意味を理解しながら読まないと、聴いていてわかりにくくなってしまうので、読むときにも気は抜けません。

そして、実際に聴くときは、自分の声なので少し新鮮に感じます。自分の声を録音して聴いてみると、いつも自分で聴いているときの声と違って変な感じがしませんか？その変な感じが脳を刺激するので、自分の声だとすごく効果的なのです（この方法、はまる人はこの方法を使って一気に成績を上げることもしばしば）。また、録音したものを聴く勉強法は、基本的に場所を選ばず勉強できるのも利点です。イヤホンで聴けば、混雑した電車のなかも、立派な勉強スペースになります。

つねに時間を意識する

あなたが勉強するとき、英単語を覚えたり数学の問題を解いたりするとき、とにかく「速く」やることを意識してください。

日本史の教科書を読むときも、とにかく速く読む。

もちろん、理解しながら読まなければ意味がないので、「理解できるぎりぎりの速さ」で読む。

最初はきついかもしれませんが、次第に脳は速くやることに慣れてきます。そうしたら、もっと速く読むよう意識する。こうすることで、勉強のスピードがどんどん上がっていきます。試験本番では、必ず時間制限があります。

時間が無制限にあれば、ゆっくりでもいいですが、60分とか90分とか時間が決まっているため、その時間内に問題を解ききらなければなりません。

普段から「速くやる」を意識することで、試験本番で焦らなくてすむようになります。

意識するだけでライバルに差をつける「黙読」のやり方

受験勉強において、かなり大部分の時間、「読む」という行為をしています。黙読、というやつですね。

しかし、この「読む」ということについて、しっかり意識している人はとても少ないです。これを意識するだけで、勉強のやり方はがらっと変わる人もいるでしょう。

勉強するといって、教科書などをなんとなく漠然と読んでいても、あまり効果はありません。そして、ひと口に読むといっても、それにはさまざまな目的があります。目的ごとに、読み方を工夫する必要があるのです。読む勉強法のポイントを説明します！

①全体を理解するために読む

歴史教科などで、全体像を把握したいときには、なるべく速く読みます。単語を覚えようとする必要はありません。文章の意味を理解できるギリギリのスピードで、さっと読みましょう。

②暗記するために読む

何かを暗記したいときに読む場合、重要な箇所では読むスピードを落とします。それほど重要ではない部分は、さらっと読みます。覚えたい部分は一度読んだあと、読むのを一旦ストップします。そして、頭のなかでその部分を思い出してみます。うまく思い出せれば続きを読み、思い出せなければもう一度その部分を読みます。

③繰り返し読む

読んで覚える勉強法は、とにかく繰り返し読むことがポイントとなります。一度読んだだけで覚えられる人はなかなかいません。ゆっくり一回読むよりは、速く三回読んだほうが効果は高いです。

この三つのパターンごとに、「読み方を変える」ということを、しっかりと意識しましょう。

第４章まとめ

頭がいい人は「勉強のコツ」を知っている！

1 何も机に座ってすることだけが勉強ではない

✧お風呂、トイレ、家のなかのドア、玄関、通学路（徒歩・電車・バス）等、どこでも勉強場所になる。

✧こういった場所でする「スキマ時間」の勉強が、小さな積み重ねでも、最後は大きな結果に結びつく！

2 学校の使い方は再考してみよう！

✧受験科目に必要のない科目や、楽しくない授業などは、赤点をとらない程度に勉強して、授業中は自分の勉強にあてよう（暗記系の単純な勉強がオススメ）。

3 それでもある「定期テスト」の攻略法

①普段の授業後に、必ず復習をする
②教科書ガイドを利用
③アウトプットの練習をする

④先生が強調した点をとくに確認

4 「願望」を達成するための「正しい目標」を立てよう！

「正しい目標」かどうかのチェックリスト

□その目標には、期限（いつまでに達成するのか）が入っていますか？
□その目標には、具体的な数字が入っていますか？
□達成できたかどうかが、明確にわかりますか？
□その目標を達成したい！　という挑戦欲、「ワクワク感」がありますか？（あなたが本当に達成したい「願望」に、明確につながっていますか？）
□その目標は、現実的ですか？
□その目標を達成するために、何をすればいいかがはっきりしていますか？

5 日々の勉強に活用できる方法

✧CDを徹底的に活用しよう。

✧CD音源は、通学中や、なにもしたくない日などにとても有効的。何度も繰り返し聞いたら、倍速にして「速聴」してみよう。

✧歩きまわりながら音読しよう。

✧ホワイトボード勉強法
学校の先生が授業中にするように、今度は自分が「教える」立場になってみる。大事なのは「立っている」こと、「声を出す」こと。

✧自分の声を録音して聴いてみよう
録音する・それを聴くという行為で二重の暗記が可能。

✧時間をつねに意識しよう
受験本番には時間制限が必ずある。それに慣れるためにも、普段から「速くやる」を意識しておこう。

✧意識して「黙読」しよう

黙読のポイント

①全体を理解するために読む
②暗記するために読む
③繰り返し読む

大学受験
コラム

日本史・世界史は、ハリー・ポッターです！

歴史系の科目が苦手な人、嫌いな人はとても多いです。「暗記ばかりでつまらない！」「覚えることが多すぎる！」というのがその最たる理由ですね。そんな人は、まず科目に持っているイメージを変えることからはじめましょう。

僕は、日本史と世界史は「ハリー・ポッターのようなもの」と考えていました。別にこれは、ハリー・ポッターでなければいけない！　というわけではありません。登場人物がたくさん出てくる、自分の好きな物語のようなものと考えてください。単なる物語と考えて教科書を読んでいくと、ただ闇雲に覚えようとして読むよりも、なんだか気が楽になってくるものです。そうして、歴史系の科目に持っているマイナスイメージを少し和らげたら、次は具体的にどう学んでいけばいいかを考えましょう。

日本史と世界史に共通する重要なポイントは、「時代の流れ」です。いつ、何が起こったのか。それは歴史を勉強する上では絶対に欠かせない部分です。逆にいえば時代の流れをしっかりと把握できる人は歴史に強いのです。

でもただ覚えていくだけではおもしろくないし、覚えることが膨大すぎます。なので、ちょっとつまずいたときや、なかなか取りかかれない人は歴史の背景に目を向けてみましょう。

今、あなたという一人の人が生きていて、あなたの後ろにはお父さんとお母さん、お兄ちゃんとお姉ちゃん、弟や妹もいるかもしれません。恋人だっているかも。そしてクラスには大切に思う友だち、少しだけ苦手な友だち、ライバルだと思う部活の先輩……あなたはたくさんの人とつながって、一日一日を過ごしています。いわばそれがあなただけのストーリーなのです。そしてあなたがなにかを起こす。

ではサッカーの試合で全国優勝したとしましょう。あなたはそのチームのエース。あなたは毎日毎日たくさん練習して先輩にも頼りにされ、チームのエースにまで任命されました。「頑張って優勝するんだ！」という思いや「エースなんて務まるのか心配だ」などたくさんの思いがあなたのなかに渦巻いていることでしょう。

でも結果として優勝を成しとげました。

しかしそこには人一倍以上の努力があって、毎日試合の朝にはお弁当を作ってくれるお母さんがいる。応援してくれる家族がいる。勇姿を見せたい彼女がいる。見返したい友だちがいる。その結果全国優勝の称号を手に入れます。

しかし、翌年のサッカーの雑誌に「全国高等学校サッカー大会、前年度優勝校○△高校」という結果、そう、歴史だけが残っているのです。


どうでしょう。寂しいような気がしませんか？

優勝したのはあなたのチームなのに、歴史に残るのは高校の名前だけ。きっとあなたが勉強しなければならない歴史も一緒なんです。

織田信長は天下統一を目論みますがそれに反旗を翻す明智光秀。たった一文で意味はわかるし集約できますが、そこには「憎い！」「殺したい！」「なんで！」という強い思いもたくさんあるはずです。

余談ですが、歴史というのは「戦争」がとても多いです。前文でも少し触れましたが、歴史にはそれぞれたくさんの人の強い思いがあります。そして「戦争」が多いのは「いやだ」「殺したい」「憎い」「つらい」そういったマイナスの強すぎる感情が、たくさん渦巻いているからなのです。

こういうふうに歴史ひとつひとつの背景には多くのストーリーがあって、たくさんの人が関わって、たくさんの思いがあります。それを頭において歴史を勉強しはじましょう。そうすればきっと今より楽しく勉強できるはずです。

図説、使ってますか？

理科を勉強するとき、図説を隣において勉強するのと、教科書や問題集だけで勉強するのとでは、大変大きな違いがあります。物体の運動や、化学物質の反応などは、文章を読んでいるだけでは、なかなかイメージしにくいものです。イメージできると、問題の理解度がはるかに変わってきます。

化学でよく問われることの一つである「色」も、この図説による勉強でかなり暗記しやすくなります。

たとえば文字だけで、「リチウムは炎色反応を示す元素で赤色である」「BTB溶液が黄色になったので酸性になった」と書かれるより、炎色反応を示しているカラーの写真一枚、BTB溶液の反応前後の色の写真を一枚見るほうが頭に残りやすいものです。

もちろん、実際に化学反応を目の前で見ることが一番印象に残りやすいかもしれませんが、そうできる機会がない人のほうが多いのが現実。図説はそれを補ってくれるのです。

僕の友人に、「化学オリンピック」で金メダル受賞した人がいるのですが、彼もまた「化学を勉強するのに図説がないなんて、ありえない」といっていました。

物理、生物など他の理科科目においても同様のことがいえます。物理で図説といわれてもあまりイメージがないかもしれません。

しかし物理の問題を解くとき、「まずは図を書いてから問題を解きなさい」と、先生にいわれたことがあると思います。図を書いてから問題を解くと、書かないよりはるかに解きやすくなるのです。

現象を目で見て理解することは何よりも大事です。

この「図を書く」という行為は、書きたい図を見たことがなければ、書くことは難しいでしょう。

なので、あらゆる物理現象を図解している図説を隣において、それを見ながら勉強することが非常に有効なのです。

理科は日常生活の現象を勉強する科目です。だから、文字を読んで理解するより、目で現象を見て理解するほうが圧倒的に理解できるのです。

第5章

頭がよくなる習慣術、メンタル術

「知っている」と「やっている」は大きな違い

ここまで本書を読んでくれた方は、いろいろな感想を持ったと思います。「こんな方法知らなかった！」ということもあれば、「これって当たり前だよなー」ということもあったでしょう。

ここで、あなたに絶対意識しておいてほしいことがあります。

それは、「知っている」という状態と、それを実際に「やっている」という状態は、まったく異なるということです。これは当然のことなのですが、「勉強法」を学ぶだけでは、絶対に成績は伸びません。

僕はこれまで、たくさんの生徒を見てきました。成績がぐーんと上がる人、あまり変わらない人、下がってしまう人……とにかくいろいろな人がいたわけですが、成績が上がる人には明確な特徴がありました。共通点といってもいいです。この特徴がある人は、必ず成績が上がります。その特徴とは何でしょう。それは、

「とにかく実践する、行動する」

そして、

「実践や行動までの時間が短い」

という特徴です。本書を読んでくれている方に対して、僕は全員に感謝の気持ちを持っています。読んでくださって、本当にうれしいのです。

しかし、これを読んでくださる方たちも、大きく二種類に分かれてしまいます。

本書を読んで、いいなと思った方法をすぐ実践する人。

いい方法だなとは思ったけど、すぐには実践せず、そのまま読んだことを忘れていってしまう人。

まさにここが、成績が上がるか上がらないかの分かれ目です。

すぐに何か一つでも実践する人は、成績が上がります。そのまま忘れてしまう人は、成績は上がりません。考えてみれば、当たり前の話です。

ここまで読むと、

「あ、自分は成績が上がらないタイプかも……」

と思った人もいるでしょう。

でも、大丈夫です。明日からや今日からといわず、今この瞬間から変わりましょう。

この本には、今すぐにでも実践できる方法をたくさん書いています。あなたがこれを読んでくださっているのは、自宅なのか、電車なのか、学校なのか……それはわかりませんが、どこでも何かしら実践できるはずです。

まずはじめに、僕がここまで書いた方法の、どれでもいいので一つ、実践してみてください。

モーツァルトを聴くと本当に頭がよくなる

説明するまでもない天才音楽家、モーツァルト。彼の作ったクラシック音楽を聴くと、聴くだけで頭がよくなるという「モーツァルト効果」というものがあります。

これは、1993年に、科学雑誌「ネイチャー」に掲載されたもので、「二台のピア

ノのためのソナタ　ニ長調」を学生に聞かせたところ、知能検査の結果がよくなった、という実験が有名になりました。

この効果、「頭がよくなるのは、聞いた後30分程度の間のみ」という意見や、「実際に頭がよくなることはない」など、否定的な意見が多数ありますが、個人的には効果があると思っています。

実際、モーツァルトの曲にはリラックス効果もあり、「不眠症」の改善のためにも使われていますし、僕自身勉強中にはモーツァルトの曲を聞いていたので、「モーツァルト効果なんてない！」と信じたくないのもあります（笑）。

僕のところにはよく、勉強についての相談が持ちかけられるのですが、「音楽を聞きながら勉強してもよいですか？」という質問をいただくことも多いです。

僕の意見ですが、「日本語の歌詞がついている曲」を聴きながら勉強するのはおすすめではありません。なぜなら、勉強に集中していても無意識に歌詞を頭が追ってしまうからです。しかも、一曲はだいたい5分ないくらいの曲が多いので、曲がころころ変わって集中できないという理由もあります。

しかし、モーツァルトの曲であれば、一区切りが30分以上の長い曲も多いです。それらをいくつか組み合わせて、「45分」「60分」「120分」というようなプレイリストを作成しておきましょう。

「このプレイリストが終わるまでに、問題を10問解く！」というように、目標を設定してプレイリストをスタートさせれば、ものすごく集中できるはず。かなりおすすめの勉強法ですので、ぜひやってみてください！

頭がよくなる食習慣

ここでは、簡単にできる「頭がよくなる食習慣」をまとめました。

ぜひ、意識的に取り入れてみてください！　とくに②は、自分だけが意識すればいい問題ではありませんので、中高生の方は親御さんにも、お願いしておくとよいです！

①朝起きたら一杯の水を！

朝起きたときって、なんだか頭がぼんやり〜りしてますよね。これは、体内の水分が不足していることも、一つの原因です。人間は、一日に約二リットルの水を摂取し、それと同じだけの水分を排出します。夜寝ている間にも、実は汗として大量の水分が失われているのです。水を飲むだけで、集中力がアップするということは、第三章でお話ししましたね。朝一杯の水を飲むという習慣は、集中力がアップするだけでなく、便秘の解消や自律神経を整える効果もあます。健康にも効果抜群です。寝起きには一杯の水を飲み、脳内の血流をよくしましょう！　それを習慣にするだけで、勉強の効率が上がります。

②昼には肉を食べろ！

肉には、「セロトニン」という物質が含まれています。このセロトニンは、やる気物質のドーパミンと同様、勉強と深い関係のある神経伝達物質です。セロトニンが不足すると、「疲れやすくなる」「やる気や集中力がなくなる」「怒りっぽくなる」「すぐ不安になる」など、勉強に大きな悪影響を及ぼします。セロトニンは、僕たち人間を精神的にサポートしてくれる「幸せホルモン」とも呼ばれています。セロトニンを十分に供給することで、脳は前向きで明るい気分になり、やる気を出してくれるのです。とくに午前中調子が悪く、「なんかはかどらないなー」というときは、昼にお肉を食べましょう。

③とにかくよく噛んで食べる

「噛む」という動作には、「咬筋」という筋肉を使います。咬筋を使うことで、脳内の血のめぐりが活発になり、脳の活性化を促します。また噛むという動きは、脳に適度な刺激を与えてくれ、眠気覚ましの効果もあります。

ご飯をよく噛んで食べることで、満腹中枢が刺激され、食べ過ぎを防いでくれるという効果もあります。食べ過ぎると、血液はお腹に集中してしまうため、眠くなったり頭が働くなってしまうのです。それを防ぐためにも、ご飯はよく噛んで食べましょう。

僕の机の上には、中学生の頃からずっと、キシリトールのボトルガムが置いてあります。集中力が切れそうなときや眠くなったときには、よくガムを噛みながら勉強したものです。僕は食べよう！　と思ったときにガムがないのがいやで、つねに2ボトルほどキープしているほどの、ガム愛好家です（笑）。

レストランでできる！ 頭をよくするトレーニング

人間の筋肉は、よく使う部分が発達し、そうでない部分は衰えていくものです。テニスをやっている人は腕が太くなったり、水泳をやっている人は肩幅が広くなったりしますよね。頻繁に使うことで、その部分の機能は強化されていきます。

そしてこれは、脳にも同じことがいえるのです。何かを覚えようとすればするほど、「暗記力」はどんどん強くなっていきます。それを知っていると、日常生活のなかで「頭をよくする時間」は、どこにでも転がっていることがわかります。

たとえば、あなたがレストランで食事をしているとき。あなたは食べたいものが決まっていて、一緒にレストランに来た家族はなかなか注文が決まらないとしましょう。

そんなとき、もちろん英単語の参考書等を持ち歩いていれば、それを覚えてもいいのですが、何も持っていなくてもトレーニングは可能です。

メニューに載っている名前を、上から順番に暗記していくのです。もしそれがサイゼリヤなら、「ミラノ風ドリア、半熟卵のミラノ風ドリア、いろどり野菜のミラノ風ドリア……地中海風ピラフのオーブン焼き」と、メニューに載っている商品とその順番を覚えていきましょう。もしそれが簡単でしたら、値段も一緒に覚えてもいいでしょう。

実際に、メニューを丸暗記しても、それがテストに出るわけではありません。しかし、「暗記力」を鍛えるトレーニングになるので、普段の勉強で覚えるときの、記憶力が強化され、覚えやすくなります。

日常生活でできる「脳トレ」は、ほかにもあります。たとえば、道を歩いているとき、目に入った数字を全部足していってみる。

街を歩いていれば、数字はどこにでも転がっています。車のナンバープレートや、お店の電話番号などなど、それらをどんどん足していきましょう。足し算になれてきたら、引き算やかけ算に挑戦してみてもいいでしょう。もっとレベルを上げるなら、車のナンバープレートを利用し、4桁の数字を使って10を作るゲームにチャレンジしてみましょう。

たとえば、6372というナンバープレートがあれば、(6÷3)×(7−2)とすれば、10になりますね。こんなふうにして、計算能力を強化することもできます。

○○するだけで、集中力・記憶力が大幅にアップ！

驚くべきことに、現代人の9割以上が、日常的に「酸欠」状態になっているそうです。生命を維持するために不可欠な酸素。ちょっと意識的に呼吸を止めてみたらわかりますが、たった数十秒息を止めているだけで、ものすごく苦しくなりますよね。それだけ、酸素は生きていくために欠かせないものです。

しかし、現代人の多くは、仕事や勉強のストレスが原因で、息を止めている時間が多くなったり、呼吸が浅くなったりしています。酸素が不足すると、集中力や記憶力は、本来の力を発揮できません。

つまり、9割以上の人は、程度の差こそありますが、酸欠状態に陥っており、本来の能力を発揮できていないのです。

「なんだかいつも眠い」

そういう人は、かなりの確率で酸素不足になっています。

ここまで書くと、○○○に入る単語がわかったのではないでしょうか？　はい、そうです。答えは、「深呼吸」。深呼吸を勉強の始まりと合間にするだけで、勉強の効率を大幅にアップすることができるのです！　この方法、本書のなかでも一位二位を争う簡単さなので、ぜひこの瞬間から、実践してみてください。

「レモン」と「ゴルゴ」

あなたは今、どんな部屋で勉強していますか？　勉強をする環境も、受験には大きく関わってきます。ここでは、僕のおすすめの環境作りを紹介します。

①机は壁につけず、椅子の後ろが壁になるように机を置く

これを読んでいる多くの人は、壁に向かって勉強しているのではないでしょうか。かくいう僕も、この方法を知るまではそうでした。

ゴルゴ13で有名な主人公のスナイパー「デューク東郷」。彼は背後に立たれることを極端に嫌い、依頼内容を聞くときも分厚い壁や太い柱を背にします。

彼の例は極端にしても、人間は後ろに空間があると、それを気にしてしまうんですね。あなたも怖い話を聞いた後などは、ついつい後ろを振り向いてしまったりしませんか？

怪談をした後はいつもより、「後ろの空間を気にする」という性質が顕著に出るため、つい振り返ったりしてしまうわけですが、怖い話の後でなくとも、後ろに空間があると人間は「無意識下」で気になってしまうんです。

つまり後ろを振り向くほどではなくとも、後ろが気になっているんですね。なので、後ろを壁にすることで、勉強への集中力がアップするわけです！

②机の上に「レモン」を置く

あのレモンの「すっぱい」香りには、精神を刺激して記憶力を強化する効果があるそうです。また、眠気防止にも役立ちます。どうしても眠いときは、そのままレモンにかぶりつきましょう！　酸っぱさと「歯ごたえ」で目がさめます。「勉強していると、ついつい眠くなってしまう……」という人には、うってつけの果物なんです。

しかも、レモンに多く含まれる「クエン酸」には、疲労回復効果や、血液をさらさらにする効果もあり（血液はさらさらになると、集中力がアップします）、受験の強い味方です。

クエン酸には美肌効果もあるため、受験のストレスによる肌荒れにもよいらしいのです。

まずは、この二つだけでも是非実行して、勉強の環境をづくりを始めてみましょう。

よい文房具をそろえる

みなさんはどんな文房具を使っていますか？　使いつぶすことを前提とした100円シャーペン、先が割れはじめた丸い消しゴム、ペンのインクで縁が黒くにじみはじめた定規などなど。

こうした文房具も味があってよいものですが、勉強はこの先もしつづけていくもの。そのたびに必要になる文房具に、少しお金をかけてみるのはどうでしょうか。

たとえば、一番よく使われるであろう文房具シャーペン。

シャーペン一つとっても、お店には多種多様なペンが並んでいますが、僕は手の届く範囲で高いものを買います。

「使い方が単純であるものほど、値段に応じて性能はよくなっていく」というのが僕の持論です。

世の中、よいものはやっぱり高いんです。文房具なんかはそのもっともな例で、よいものには書きやすいだったり、消しやすいだったり、にじみにくいだったりと、値段にふさわしい性能が備わっていることが大半です。

勉強は「投資」です。未来の自分の価値を高める一つの手段であり、正しい方法でおこなえば投資した分だけ成果が現れます。

その勉強に欠かせない文房具にも「投資」をすることで、自分に対する自信やモチベーションといったものを高めようというのがこの狙いです。よいもの＝高いものを買えば「使わずにはいられない」、もっといえば「使わないなんてもったいない」と思うのが人間です。

文房具を使って勉強せずにはいられない！　状態に自分を置いてしまえば、「勉強するのが苦痛」だった自分から「せっかく買った文房具を使わないことが苦痛」な自分になることでしょう。

マイナスな言い方になったかもしれませんが、文房具でも何でも使っているうちに愛着が湧いてくるもの。そのとき、長く使っても気に入らないところが見つからない「よい」文房具を使っていいたいですよね。

……ちなみに。

この章を書くにあたり、身近な京大生数人とテーマ「文房具」で少し話をしてみたところ、なんと全員がある特定のメーカーや商品を愛用していることがわかりました。

「お気に入りの文房具は？」と聞くと、すぐに二つ三つ名前があがる感じです。高級品、とまではいかないまでも、それぞれが少し値の張る文房具を好んで買っているようです。

一例を挙げると、シャーペンならZEBRAの「ｔｅｃｔ ２ｗａｙ」、ボールペンなら三菱鉛筆の「ＪＥＴＳＴＲＥＡＭ」など。

彼らは真剣に勉強と向き合うなかで、自然と自分に合った文房具が見つかったんでしょう。

勉強に真剣に取り組んだ人たちは、文房具にもそれなりのこだわりを持っているという話でした。

ブックスタンドのお役立ち活用術

皆さんはブックスタンドというものを使ったことがあるでしょうか？

あまり目にしたことがない方もいらっしゃるかもしれません。たくさん並べた本が倒れないように、端っこでとめておくものではなく、本を開いた状態でとめておけるもののことです。

このブックスタンドを使う一番の利点は、手で持って本を読むのに比べて目と体が疲れないことです。

なぜかというと、ブックスタンドの角度は、座って勉強するときのもっとも楽な顔の角度と平行にできているからです。

手で持って本を読もうとすると、本を机にべったり置いてしまって、それに頭がおおいかぶさって読む姿勢になってしまうことが多くなります。それだと、体がすぐ疲れてしまい集中があまり続かなくなります。

また、頭が本におおいかぶさってしまうことにより、本に影ができてしまい、暗いなか、文字を読むことになってしまいます。これでは目が疲れてしまいます。

一方、ブックスタンドに立てると、本に影はできにくく、明るいなか文字を読むことができるので、目に優しいといえるのです。

他のよさとしては、両手が自由に使えることです。

本を読みながら文章を書く、というのはよくあるシチュエーションだと思います。もしブックスタンドを使わずに書き手と逆の手で本を抑えながら文字を書くとしましょう。人は、指先のところに集中がいきやすいといわれていますが、この状態では本を抑えている手が、本来集中したいはずの「書いた文字」から遠のいてしまっています。

せっかく書いて勉強しているのにこれではもったいないですよね。

書くときはしっかりと逆の手も添えて書くのが一番よいのです。ブックスタンドはこれを可能にしてくれます。

第5章まとめ

◎習慣やメンタルを意識的に変えていこう！
◎成績が上がる人の共通点は「とにかく実践する、行動する」
◎明日からやろう、ではなく今この瞬間から実践しよう！

1 モーツァルトの曲で、プレイリストを作り、勉強用のBGMにしよう

2 朝起きたら水を飲み、お昼にはお肉をよく噛んで食べよう

3 レストランや街を歩いているときを、脳トレタイムにしよう

4 勉強する部屋環境を整備しよう

①机は壁につけず、椅子の後ろが壁になるように机を置く
②机の上に「レモン」を置く

5 よい文房具を使おう

✧長く使っても気に入らないところがない「よい」文房具を買う。
✧ブックスタンドを使う。

大学受験
コラム

ほとんどの人ができていない「模試の本当の使い方」

模試を「ただの実力試し」だと考えていると、ものすごくもったいないです。皆模試が終わると、簡単に答え合わせをした後、その結果に一喜一憂しておしまいにしてしまいます。たしかに、模試を受けた後はとても疲れているので、気持ちはわかります。開放感にまかせて、カラオケに行ったりゲームをしたりしたいですよね。

しかし、そこはぐっとこらえましょう。

全開で頭を使った直後、まだ解いたときのことを脳がはっきり覚えているうちに、解説を熟読して解きなおしをしましょう。僕は生徒に、よくこういいます。

「模試は、受けているときが本番じゃない。家に帰って、疲れていてもやり直しを頑張れるかどうか。そこが本当の勝負時、本番だ！」

と。そして、模試を受けたその日のうちに解説を熟読したら、一週間後にもう一度模試を解いてみましょう。そこで満点がとれればＯＫ。いや、満点がとれるまでやってください。模試に出てくる問題は良問がとても多いので、身につけることで非常に大きな効果が得られます。

受験は情報戦！

この本では、かなりのボリュームで主に勉強法というものについて述べています。そのなかには僕が実際に受験生だった頃に使ったものであったり、はたまた大学生になり受験というものから遠ざかったあとで知り、別の機会で効果を実感したものもあります。

もし僕がここに載せてあるすべての勉強法を、受験生だった当時に知っていたら、京都大学にはさらに余裕を持って合格できたんじゃないかと思っています。それくらい、その人の能力に関係なく、知っているか知らないかで差が出る情報というものが受験という世界には多く存在します。

「情報」と聞いてまず思い浮かべるのが「志望校の情報」ですよね。「あそこの大学はあの学部が一番入りやすい」「定員は何名だ」といったものから、「入試科目の配点の違いは」「どういった層が受ける大学か」などなど。

また入るための情報以外にも、入ってから理想どおりのキャンパスライフを送るための情報というものがあります。

例をあげます。

京大医学部と阪大医学部どちらにも入れるくらい頭のよい人がいましたが、将来はお医者さんとして患者を診たいと思っている彼は偏差値の高い京大医学部ではなく、阪大医学部を受験しました。彼は研究に強いといわれる京大ではなく、自分の夢をより叶えられると思い、臨床部門に強いといわれる阪大を選んだのです。

大学にはそれぞれ特色というものがあり、偏差値だけですべての大学がランク付けされることはありません。「いざ合格して入学してみたけど、なんか予定と違う！」なんてことにならないようにこうした情報を集めるのも大事ですし、また大学を選り好みできるようになるためには、しっかりとした勉強と、入試の情報を集めるのも必要となります。

次に、「勉強法の情報」があります。

これはこの本でも紹介しているようなものであったり、「良書」と呼ばれるよい参考書に関する情報のことです。「よい参考書」とは多くの人が使ってきたなかで選ばれつづけた、いわばエリートであり、実際にほかの数ある参考書とは違う非常に効果的な勉強法を授けてくれることが多いです。

こうした情報は、知っている人はそれだけで得するし、知らない人はそれだけで損をする、とても本番において差が出るものです。とりあえず知っているだけで苦労せずに有利を得ることができるのですから、この情報は積極的に集めて損はありません。僕もこの「参考書の情報」は当時持っていて本当によかったと思っています。

「情報戦」といわれる受験ですが、これを徹底しておこなっているのが俗にいう「進学校」と呼ばれる学校です。

そこでは学校側が「よい参考書」に近いテキストを使ったりして、生徒本人が知らないうちに「参考書の情報」をマスターさせ、効率的に勉強を進められるようなシステムを組んでいます。

また「進学校」ほど、大勢の先輩たちが有名な大学に合格するものです。生徒は夏まで一緒に遊んだり部活をしてきた先輩が東大や京大といった大学に受かるのを見て、「あの先輩にできたなら俺もできるんじゃないか」「あの大学に入ることも夢じゃないかも」と多少失礼でありながら思ったりします。

また、判定や志望倍率といった単なるデータでしかない情報が、たとえば「夏までE判定だったけどあの大学に合格した先輩」という存在によって、彼らにとってはよりリアルに、身に迫った情報として入ってくるのです。

実際身近に直前までE判定だった先輩がいて、その人が合格したら「自分にもできそう」とか「夏にE判定でもへこたれないぞ」と思ったりするのではないでしょうか。そうした受験を身近に感じることのできる環境にいるのが「進学校」の強みであり、これも受験に対する情報を多く持っているからこそです。

これで「進学校の賢いヤツらには勝てないんだ……」とへこむのではなく、「なんだ、そういうことだったのか！」とこの情報を前向きに受けとることができ、負けじと情報を集めようと思ったなら、あなたはもう受験における「情報」の大事さをしっかり理解できています。合格は目の前です！

第6章

勉強のメンタルで大事なこと

未来はわからない

よく、まだやってもいないのに「どうせ自分は無理だ」と諦めてしまう人がいます。

僕は常々いうのですが、

「やってみなければ、何事もわからない」


のです。それなのに、やる前からできないと決めつけてしまう。

そんな人が、今本当に多いです。

そういった、「マイナス思考」の人は、できない理由をどんどん積み重ねていきます。

「自分は頭が悪い」「この前のテストでもだめだった」「集中力がないから勉強が続かない」そんなふうに、どんどんどんどんできない理由を積み重ねていき、その結果本当に失敗してしまいます。そしてまた、失敗したことを次の「できない理由」にしてしまうのです。

できる理由を積み重ねる

やる気と集中力の章でも「成功体験を積み重ねる」という話をしましたね。それと少し似ています。

勉強のメンタルで大事なのは、「自分ができる理由」を積み重ねていくことです。これは何も、定期テストや模試の結果にかぎりません。その理由に、根拠がなくてもいいのです。

「今日は電車にぎりぎり間に合った！　ラッキー！　自分は運がいいから、大学にも受かるぞ！」というような、勉強とまったく関係ないことでもいいのです。それを、日々の生活のなかでどんどん積み重ねていきましょう。

また、「変えられないこと」を、マイナスからプラスの要素に転換することも重要です。

たとえば、あなたの学校が遠くて、家に帰るまで長い時間がかかってしまうとします。学校までの往復で時間がとられ、勉強時間が少なくなってしまう……と考える人が多いですが、ちょっと待ってください。

毎日の電車のなかで勉強するものを決めておけば、いつも決まった時間を勉強に使うことができます。

そんなふうに自分にとって一見マイナスに思えることも、見方を変えてプラスに転換する癖をつけていくとよいですね。

have toからreally wantへ

「have to」。基礎英文法レベルですね、「〜しなければならない」と訳すように僕らは習いました。

次に「really want」。ここでは「〜したいんだ!」のような意味合いで使います。

いうまでもなく、前者に比べて後者はプラス思考、前向きな考え方ですよね。とても活力に満ちた考え方だなと僕は思います。

一方で「しなければならない」と考えると途端にやりたくなくなることってありませんか?　洗い物、部屋の掃除、ゴミ出し、そして勉強。日々の生活には「しなければならない」ことがたくさんあります。たしかに真っ当な生活を送るためにはどれも「しなければならない」ことなんですが、そのすべてを「しなければならない」「しなければならない」と思って過ごしていると、だんだん心に余裕がなくなっていきます。

そこで僕は頭のなかに「あれをしなきゃ」「これをしなきゃ」とするべきことが浮かんできた瞬間、つまり「have to」が浮かんだ瞬間に「あれがしたいんだ！」「これがしたいんだ！」「really want」に思考を切り替えるようにしています。

これは最初は自己暗示のようなものですが、人間は対応していく生き物で、1カ月2カ月と経つうちに自然と頭が慣れ、「have to」の思考を感知した瞬間に「really want」の思考へとレールを敷いてくれるようになるのです。

これを勉強にかぎっていえば、「テストや模試でよい点とるために勉強しなきゃ」から「よい点をとりたい、とるために勉強するんだ！」へと思考を変えることになります。

何かに急かされてやりはじる余裕のない勉強をする人から、自ら目標を設定して自分を動かしていく勉強をする人へ。この二人のモチベーションが大きく違うのは予想がつくと思います。そして、どちらがより成果を出すのかも。

とはいえ、この本を手にとっている人にかぎらず、多くの人にとって勉強とはマイナスのイメージが付くもの。「really want」よりどうしたって「have to」のほうが強いよ！という人もいると思います。

上にも書いたように「have to」→「really want」という思考にはそのうち慣れるものですが、勉強というものはどうしたって、はじめはすすんで「やりたい！　したい！」と思うのには抵抗があるものです。

そして、「そんないやいや really want に切り替えても意味ないでしょ」と思うのもわかります。

しかし、あなたのなかにも「こういうことがしたい」「こういう自分になりたい」という「really want」があると思います。そうした願望を叶える第一歩を踏み出してくれるのは、いやいやながらも「やりたい！」と思ってくれる最初の自分です。

はじめは気が進まないことでも、「はいはい、really want ね」と思いながらやっているうちに自然とその思考が身につき、いつしか本当に喜んで目標へ向かっていることになります。人間の思い込みの力を使わない手はありませんよ。

模試のからくり

たとえば夏に受けた大きな模試。「C判定」という文字を目の当たりにしたとき、あなたはどんな印象を抱きますか？「合格可能性でいえば半分だから危ない」ですか？それとも「AやBじゃなかったから志望を下げよう」ですか？

模試というのは、大きなものほど現役生だけでなく浪人生も受け、いわゆるデータのそろった「信頼できる」ものとなります。実際の大学受験で受ける人数より、模試でその大学を志望する人数のほうが多くなることも少なくありません（模試では、志望校を複数書けるためです。難関大学、たとえば東大や京大の場合、東大模試と実際の東大受験者数はかなり合致します）。

そんな「信頼できる」模試で「あなたの合格する可能性は50パーセントくらいです（C判定です）」といわれてはたまったもんじゃないですね。

ですが、僕は「これなら大丈夫だ！」と思います。それは模試に関する一つのからくりを知っているからです。

まずは模試の返却シートを見てください。次に、一番上のA判定から順に判定ごとの人数を足して数えていきましょう。

自分が志望している大学・学部の定員数を超えたら数えるのをやめてください。どうですか？　僕の予想ではD判定、もしかしたらE判定の点数をとっている人まで定員数に入り込むのではないでしょうか。

ざっくりしていますが、D判定をとっていても合格圏内！　ということは十分にありえるのです。

模試の判定それ自体には意味はありません。D・E判定というのは、合格可能性80パーセントにもなれば20パーセントにもなる魔法の文字です。模試はたった1文字の判定に一喜一憂するものではなく、自分の弱点を目に見える形で表してくれる「ツール」として受け止めて、チャレンジしてください。

勉強は一気にできるようになるもの

勉強に励むみなさんの不安に、「以前に間違えたものをまた間違える」「勉強時間を増やしたのになかなか模試で成果が出ない」といったものがあると思います。

前者はエビングハウスの忘却曲線でも取り上げたように、人間はそもそも忘れるのが当たり前の生き物です。

そう落ち込まないでください。といった回答を出すことができます。実際どんな天才でも、復習しなければ物事を忘れていきます。

では後者は？　暗記できるものはした。問題演習も積み重ねた。なのに成績が上がらない。みなさんにも経験があるのではないでしょうか。

たしかに勉強時間を増やせば増やしただけ、覚えられること、身につくものは増えていくように思えます。

しかし、物事はそう簡単ではありませんし、人間も単純には作られていません。勉強時間に「比例して」成績が上がるという考え方は、現実はそううまくいかず、ショックを受けるだけの「百害あって一利なし」なものです。

では実際はどういった感じで人間は成長していくのでしょうか。簡単な例を今から紹介します。

生後1ヵ月くらいの赤ん坊を思い浮かべてみてください。まだ身長は50センチメートルほど、体重は4キログラムちょっとです。

この赤ん坊は半年後には身長75センチメートルほど、体重は2倍の8キログラム弱まで成長します。今の僕らは半年で身長が15センチメートルも伸びることもなければ、体重が2倍になることもありません。それくらい急激な成長を見せるのがこの頃の赤ん坊です。

赤ん坊が1年間に成長する目安となるのが「成長曲線」と呼ばれるグラフです。上に見たようにこの時期の赤ん坊は急激な成長をとげるので、そのグラフも急な曲線を描いています。

僕らの学力と呼ばれる能力が向上する瞬間とい

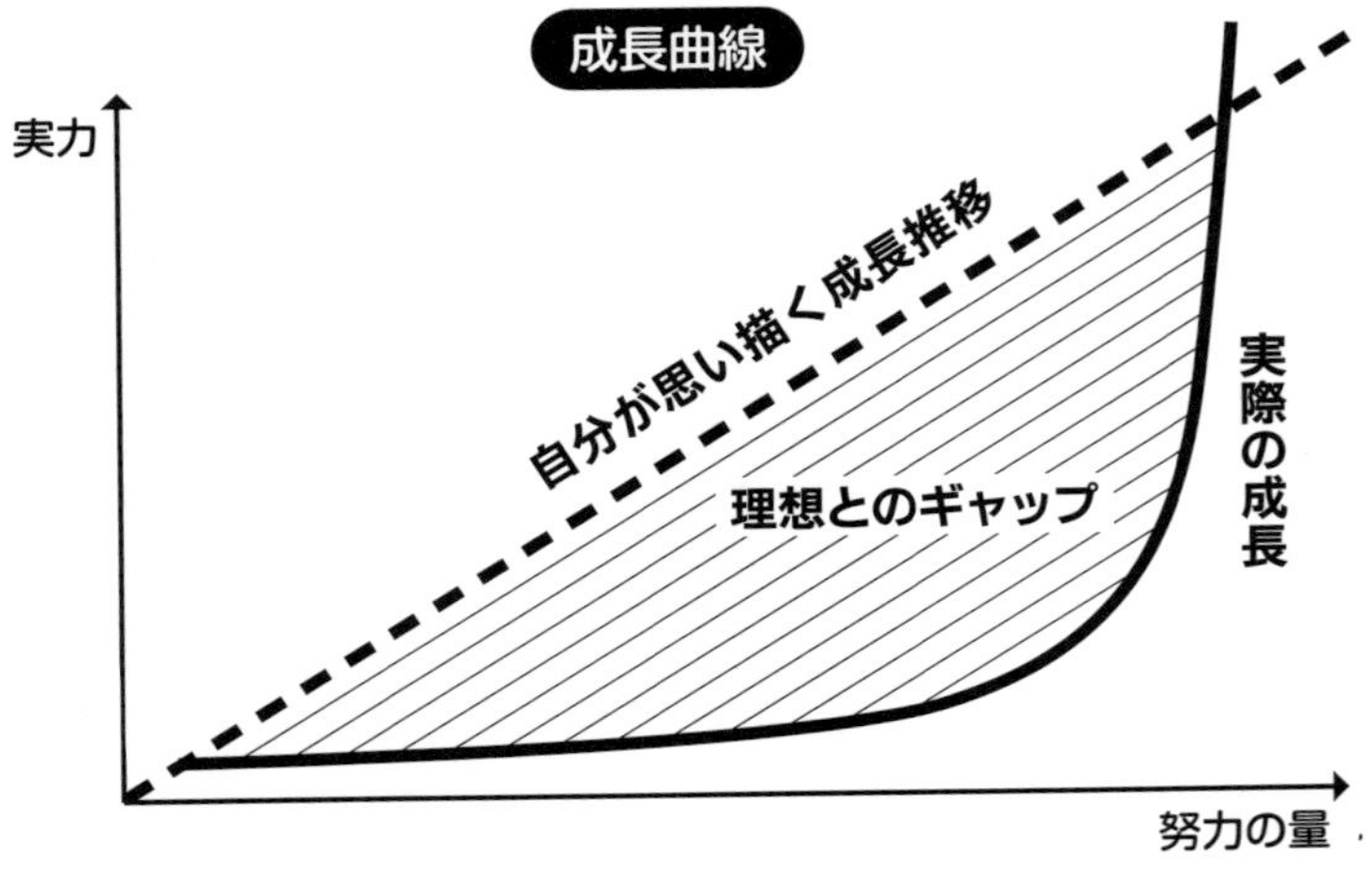

うのは、不思議なことにこの「成長曲線」とまったく同じような伸び方をするのです。

一方で、その成長の瞬間までは緩やかな直線で僕らの学力は伸びていきます。たしかに成長してはいるのですが、僕らの頭は「勉強時間に比例して学力は上がる！」と信じきっているため、この時期は理想と現実の差、ギャップに不安を抱えることとなります。

この時期に模試なんてあった日には「あれだけ勉強したのに……」「勉強向いてないのかな……」とつい後ろ向きなことを考えてしまうものです。

しかし何度もいうように、あなたの学力はそう落ち込んでいる間にも緩やかな成長を続けているのであり、また来たる急激な成長に向けて力を蓄えている状態でもあるのです。

ここで落ち込んでしまっては、理想を追い抜かすほどの大逆転成長もできずに終わってしまいます。落ち込むことはありません。

人間は順調に成長はできませんが、諦めないだけで確実に少しずつ、そしていつか大きく成長する力を持っています。今はそのときを楽しみに教科書を開きましょう。

時間が無限にあると思っていないか？

当たり前の話ですが、時間は有限、かぎりのあるものです。こういうと焦ってしまうかもしれませんが、あなたがこれを読んでいる今この瞬間にも、受験日は刻一刻と近づいてきています。

もちろん、勉強をするうえで焦りすぎてはいけません。焦りすぎると、勉強のなかでとても大事な「復習」がおろそかになりやすいからです。

また、焦って理解が不十分なまま、次のレベルに進んでしまうことにもつながります。焦りすぎず、まったりしすぎない。それが勉強していくうえで、ベストな精神状態です。

最後に「粂原学園」の生徒の質問に答え、さらに受験生を持つ親御さんがどういう点に注意したらよいかを書いて終わりとさせていただきます。

Q

間違った数学の問題を解きなおすことが大事なのはわかっていますが、解きなおす気がおきません。どうしたらよいですか。

A

間違った問題はいやなイメージがついていますよね。何分もかけて解いた問題が答えを見ると全然違ったりとか。その問題を見る気もなくして、とりあえずチェックマークや付箋を問題集につけておくということをすると思います。それではなかなか解きなおす気がおきないですよね。

そんなときは、その問題を自分のものにしてしまいましょう。方法は間違った問題と答えを小さな一冊のノートにまとめるだけ。自分の書いた文字ということだけで、その問題のいやなイメージが和らぎます。

そのノートを暇な時間に読みなおしているうちに、愛着が湧いて、机に座っているときにでもペンを持って解きなおしてみることができると思います。

このノートのいいところは解きなおすことができるだけではなく、試験の本当の直前に使えることです。試験が始まる10分前、まわりの人たちが分厚い参考書をただ眺めているなかで、自分が間違えた問題だけをまとめたノートを見ることができる。

これは間違えやすい問題の確認ができるだけでなく、心に余裕がもてるようになります。

一見、間違えた問題ばかりを見ると不安になりそうですが、繰り返して見ているうちに勉強した証として、心の支えになっているはずです。

Q

覚えたはずの単語がテストのときに思い出せません。

A

これは大学に入ってから友人から聞いた勉強法なのですが、単語帳の牽引を使う方法です。実際にＴＯＥＦＬの勉強のためにやってみると、楽しくて効果がありました。

Ａから順番にわかる単語にマーカーを引いていきます。わからない単語はページ番号から調べます。

普通はわからないところにマーカーを引いたりすると思いますが、これは逆です。

一週目は赤色、二週目は青色、三週目は黄色というふうにペンの色を変えます。

これによるメリットは三つあって、一つ目は覚えた単語と覚えていない単語を区別できることです。覚えてない単語が目に入る回数が増えますよね。

二つ目は達成率が目に見えてわかることです。何周も繰り返すことで索引自体がカラフルになって埋まっていくことでやる気も出ます。

三つ目は、単語帳の並びから推測できないことです。単語帳を長く使っていると、単語の並びで意味を覚えてしまっていることがあると思います。この単語の次はこの単語だからこの意味のような。その方法で覚えた単語は、実際文章のなかで単体で出てくるとわからなくってしまいます。単語帳の索引はアルファベット順でかつ、覚えた単語は繰り返さないので前の単語とのつながりはなくなります。

この方法は単語帳をざっと覚えた状態で取り組んでくださいね。

親御さんへ

中高生にとって、親御さんの影響は絶大です。親御さんの協力があるかないかで、お子さんの受験結果は大きく左右されます。ここでは、僕やまわりの京大生が、高校生のときにしてもらっており、勉強にすごくプラスだったことをまとめました。

受験は、お子さんにとって人生を大きく左右する一大イベントの一つです。ぜひ、できるかぎりのサポートをしてあげてください。

①勉強しろといわない

これは、非常に難しいことかもしれません。お子さんのためを思い、ついついいってしまう気持ちはものすごくわかります。しかし、そこはぐっとこらえましょう。「勉強しろ」ということで、お子さんの勉強にプラスに働くことは、まったくないと断言できます。

②定期テストや、模試の結果を聞かない

これも①と同様、親御さんにはつらいことかもしれません。お子さんの成績が気になるのは、当然のことです。しかし、親御さんが成績を気にしすぎることは、お子さんにとって大きなス

トレスとなります。ストレスが増えれば当然、勉強のやる気や集中力も出なくなってしまうものです。酷なことかもしれませんが、聞きたくなっても我慢してください。

そもそも、成績がよければお子さんのほうから、喜んで報告してくれるものです。そうでないときは、何らかの理由があって報告したくないのです。たとえ結果が悪かったとしても、お子さんは頑張っています。だから、親御さんも黙って見守ってください！

③モチベーションを上げるサポートを

お子さんのモチベーションが上がるよう、最大限のサポートをお願いします。たとえば、休みの日にお子さんと志望校を見に出かける。それだけでも、モチベーションは高まるものです。

④体調管理に気を配る

受験は、体力勝負です。勉強に集中するあまり、頑張りすぎてしまう子はかなりいます。とくに、風邪のひきはじめはそこまで辛くないので、無理をしてしまう子は少なくありません。

しかし、ひきはじめにしっかりと対応すれば、風邪は悪化せず早く治ります。市販の風邪薬は常備しておき、ひきはじめにすぐ飲めるようにしておいてください。それから、食生活も重要です。栄養のあるものを、偏りなく出してあげるだけでも、お子さんは「応援してくれている」と感じ、やる気が出るものです。

⑤参考書等に使うお金を惜しまない

これも、ぜひお願いします。お子さんは、勉強のために頑張っています。遊びのためではありません。「お金持ちの子どもには、高学歴が多い」というれっきとした事実は、教育にお金を使えるからです。年間何百万もする塾に入れてくださいというわけではありません。

ただ、欲しい参考書があるとお子さんがいってきたときくらいは、いやな顔ひとつせずお金を渡してほしいのです。

⑥結果を求めない

「努力することが素晴らしい」「頑張ることが大事」。

いくらそのようなことをいっても、結局世間がみるのは「結果」だけです。努力することそれ自体を認めてあげられるのは、親御さんしかいません。合格のために、お子さんを応援するのは素晴らしいことです。サポートも必要です。

ですが、結果を求めることはしないでください。これは、親御さんにしかできないことですから。

あとがき

「やる気」と「集中力」。この二つさえあれば、はっきりいって何でもうまくいくと思います。この二つの力の重要性。実は僕は、小学生の頃から意識していました。

「競技かるた」というものをご存知でしょうか。僕が小学生の頃から始め、今もなお取り組んでいる競技です（手前味噌で恐縮ですが、全国大会で15回優勝、学生の全国大会では三連覇をしており、八段の資格を持っています！）。

最近では、競技かるたを題材にした人気漫画『ちはやふる』が、広瀬すずさんを主演に映画化されたこともあり、知っている方も多いと思います。

「競技かるた」は、小倉百人一首の下の句が書かれた札を、上の句が読まれたと同時に相手と取り合う競技です。

札の位置を記憶するときの集中力、読まれる瞬間、音に耳をすませる集中力が大きな鍵を握ります。残りの札の枚数が一対一になることを「運命戦」と呼ぶのですが、そのときの緊張感は味わった人にしかわからないくらい、すさまじいものがあります。競技かるたを知らない友人が見学に来てくれたことがあるのですが、冬なのに手汗をびっしりかいてしまったと笑っていたのを今でも覚えています（笑）。

札が読まれる直前の一秒間を「ま」というのですが、この瞬間は音に全神経を集中させなければなりません。また、瞬間的な集中力だけでなく、およそ90分ほどの試合時間中は、絶えず札の暗記を繰り返さなければならないので、集中力の持続も大事な要素です。

競技かるたは練習不足がすぐ結果に出てしまう競技でもあるのですが、この練習が基本的には同じ会の人との試合になるため、練習への「やる気」も大事な要因となります（ほかにも、相手に負けているときのプレッシャーに打ち勝つ力、思うような試合展開ができないことを我慢する忍耐力なども鍛えることができます）。

そんな競技かるたに早くから出会えたことは、僕にとってものすごく幸運なことでした。やる気と集中力の重要性に、気づくことができたからです。京都大学に合格できたことも、『頭脳王』に出演できたことも、競技かるたとの出会いがなければありえなかったと思っています。

僕は仕事柄、「勉強のやる気が出ません」「勉強を始めても集中力がもちません」という質問をよくいただきます。本当にたくさんの人が、勉強の「やる気」と「集中力」に悩んでいることを実感する瞬間です。

誰しも好きなことに対しては、すさまじいやる気と集中力を出した経験があるのではないでしょうか。だとすれば工夫次第で、勉強のやる気と集中力を高め、成果を出すことは可能なはず。そのための工夫、コツを伝えようと思い、今回この本を執筆しました。やる気を出すためのコツ、集中力を持続するためのコツはたくさんあります。しかし、コツは実践して初めて効果が出ます。この本を読んだら、紹介されている方法をまずは実践してみてください。どれか一つでもいいのです。まずはとにかくやってみること。それはきっと、あなたの成績を上げるきっかけになるはずです。もしその一つがあまり効果的でなくても、また一つまた一つと、実践していってほしい。そうすれば必ず、自分にぴったりの方法とめぐりあうはずです。

これまで、勉強というものに自信がない生徒が、ちょっとしたきっかけから成績を急上昇させた例を、僕はいくつも見てきました。この本があなたにとって、そんなちょっとしたきっかけになれたなら、これ以上の喜びはありません。

この本の出版は、僕一人の力では到底実現しませんでした。この場を借りて、感謝を述べさせていただきます。

このような機会をくださった二見書房、とくに担当してくださった小川さんには、この本の構想段階から多大なアドバイスをいただきました。本当に感謝しています。

それから、執筆に行きづまっているときに、僕と一緒にあれこれ悩み、アドバイスをくれた後輩のみんな。本当にありがとう。

また、帯の推薦文を快く引き受けてくれた水上颯さん。『頭脳王』で二度共演し、その後も親しくさせていただき、よい刺激をもらっています。ありがとう。

日頃応援してくださっているメルマガ読者の皆さん。いつもいただく質問や感想、メッセージは、僕の大きな原動力になっています。ありがとうございます。『粂原学園』の生徒の皆。君たちの頑張りが、僕の大きな自信となっています。ありがとう。

そして最後に、この本を読んでくださったあなたに最大級の感謝を込めて、お礼をいわせていただきます。本当に、ありがとうございました。

二〇一六年三月

京大首席合格者《きょうだいしゅせきごうかくしゃ》が教《おし》える
「やる気《き》」と「集中力《しゅうちゅうりょく》」が出《で》る勉強法《べんきょうほう》

著　者　粂原圭《くめはらけい》太郎《たろう》

発行所　株式会社　二見書房
〒101-8405
東京都千代田区三崎町2-18-11堀内三崎町ビル
電話　03(3515)2311［営業］
　　　03(3515)2313［編集］
振替　00170-4-2639

印刷所　株式会社　堀内印刷所
製本所　株式会社　村上製本所

ブックデザイン　河石真由美
DTP組版・図版　有限会社CHIP

落丁・乱丁本は送料小社負担にてお取替えします。
定価はカバーに表示してあります。

ISBN978-4-576-16054-2
http://www.futami.co.jp